**Benutzerhandbuch für das
Occupational Self Assessment (OSA)
Ein Selbsteinschätzungsinstrument**

Version 2.2

Kathi Baron
Gary Kielhofner †
Victoria Goldhammer
Julie Wolenski

Deutsche Übersetzung: Silke Reinhartz

EDITION
VITA ACTIVA
eine Initiative von Aha ...

herausgegeben von
Ulrike Marotzki | Christiane Mentrup | Peter Weber

gefördert durch

DEUTSCHER VERBAND DER
ERGOTHERAPEUTEN E.V. | DVE

Die Übersetzerin

Silke Reinhartz, Jahrgang 1966, ist seit 1990 Ergotherapeutin (Schülerin am ehemaligen Oskar-Helene-Heim in Berlin, heute Wannseeschule e.V.). Im Jahr 2001 schloss sie ihr berufsbegleitendes Ergotherapiestudium in den USA mit dem Master of Science (M.S. OT) an der San Jose State University in Kalifornien ab.
In den ersten Jahren ihrer Berufstätigkeit war sie im psycho-sozialen klinischen und ambulanten Bereich tätig. Nach Abschluss des Studiums hat sie ihren Schwerpunkt auf die Ausbildung von ErgotherapeutInnen verlagert, seither ist sie überwiegend als Dozentin tätig.
Sie war lange Jahre Mitglied im Leitungsteam des Fachkreises Arbeit & Rehabilitation des DVE und von 2008 bis 2010 Vorstandsmitglied für Bildung und Wissenschaft im DVE.

Benutzerhandbuch für das Occupational Self Assessment (OSA)
Ein Selbsteinschätzungsinstrument

Version 2.2

Kathi Baron
Gary Kielhofner †
Victoria Goldhammer
Julie Wolenski

Deutsche Übersetzung:
Silke Reinhartz

Bibliografische Information der Deutschen Nationalbibliothek
Die Deutsche Nationalbibliothek verzeichnet diese Publikation in der Deutschen Nationalbibliografie; detaillierte bibliografische Daten sind im Internet über http://dnb.d-nb.de abrufbar.

Besuchen Sie uns im Internet: www.schulz-kirchner.de

Titel der Originalausgabe:
© Die Veröffentlichung der Übersetzung des Occupational Self Assessment erfolgt im Einvernehmen mit dem Model of Human Occupation Clearinghouse, Department of Occupational Therapy, University of Illinois at Chicago, Illinois, 2006

2., unveränderte Auflage 2018
1. Auflage 2011
ISBN 978-3-8248-0852-6
e-ISBN 978-3-8248-0805-6
Alle Rechte vorbehalten
© Schulz-Kirchner Verlag GmbH, 2018
Mollweg 2, D-65510 Idstein, Vertretungsberechtigte Geschäftsführer: Dr. Ullrich Schulz-Kirchner, Nicole Eitel
Fachlektorat: Reinhild Ferber
Lektorat: Doris Zimmermann
Layout: Susanne Koch
Titelfotos: Archiv Deutscher Verband der Ergotherapeuten e.V.
Druck und Bindung: TZ Verlag & Print GmbH, Bruchwiesenweg 19, D-64380 Roßdorf
Printed in Germany

Die Informationen in diesem Buch sind von den HerausgeberInnen und dem Verlag sorgfältig erwogen und geprüft, dennoch kann eine Garantie nicht übernommen werden. Eine Haftung der VerfasserInnen bzw. des Verlages und seiner Beauftragten für Personen-, Sach- und Vermögensschäden ist ausgeschlossen.

Dieses Werk, einschließlich aller seiner Teile, ist urheberrechtlich geschützt. Jede Verwertung außerhalb der engen Grenzen des Urheberrechtsgesetzes (§ 53 UrhG) ist ohne Zustimmung des Verlages unzulässig und strafbar (§ 106 ff UrhG). Das gilt insbesondere für die Verbreitung, Vervielfältigungen, Übersetzungen, Verwendung von Abbildungen und Tabellen, Mikroverfilmungen und die Einspeicherung oder Verarbeitung in elektronischen Systemen. Eine Nutzung über den privaten Gebrauch hinaus ist grundsätzlich kostenpflichtig. Anfrage über: info@schulz-kirchner.de

Inhalt

Danksagung 7
Vorwort 9
Einleitung 11

Kapitel 1
Geschichte der Entwicklung und Forschungsgrundlagen des OSA 13
Geschichte der Entwicklung des Occupational Self Assessment 13
Entwicklung des OSA und wissenschaftliche Untersuchungen zum OSA 13

Kapitel 2
Theoretische Grundlagen des OSA 15
Das Modell der menschlichen Betätigung 15
Benennung von Problemen mithilfe von Konzepten 16
Klientenzentrierte Praxis und das OSA 17
Literatur 17

Kapitel 3
Inhalt des Selbsteinschätzungsinstruments OSA 19
Zugrunde liegende Überlegungen für das Format der OSA-Fragebögen 22
Was misst das OSA 23
Nutzung der mit dem OSA erhaltenen Antworten 24
Bestimmung der zu verändernden Bereiche 25
Das OSA als Follow-up 25
Planung und Ausführung der ergotherapeutischen Behandlung 25
Literatur 25

Kapitel 4
Anwendung des OSA 27
Vorbereitung zur Anwendung des OSA 27
Schritte zur Anwendung des OSA 27
Sich mit der Krankengeschichte vertraut machen 28
Entscheiden, ob das OSA für diesen Klienten geeignet ist 28
Ein angemessenes Setting für die Anwendung des OSA schaffen 30
Klienten mit Sinn, Struktur und Fragen des OSA vertraut machen 32
Den Klienten die Fragebögen ausfüllen lassen und sicherstellen, dass er es selbst tut (Bewertung
von Kompetenz und Wichtigkeit für jedes Item) 33
Besprechung des ausgefüllten OSA mit dem Klienten 36
Therapieziele und Behandlungsstrategien zusammen mit dem Klienten identifizieren 40
Ausfüllen der Planungs- und Durchführungsbögen mit dem Klienten 42
Ausfüllen der OSA-Bewertungsschlüsselbögen 43
Zur Verdeutlichung des Behandlungsfortschritts Ausfüllen des Follow-up-Bogens durch Klienten 43
Arbeiten mit MOHO in der Anwendung des OSA 43
Schlussfolgerung 47
Literatur 48

Kapitel 5*
Anwendung der OSA-Bewertungsschlüsselbögen 49
Was ist der OSA-Bewertungsschlüssel? 49
Warum möchte man numerische Ergebnisse haben? 49
Warum kann man die Werte nicht einfach ermitteln, indem man die Bewertungen addiert? 50
Den OSA-Bewertungsschlüssel verstehen 50
Vorteile der Verwendung des OSA-Bewertungsschlüssels 51
Anleitung zum Ausfüllen der OSA-Bewertungsschlüsselbögen 51
Benutzung des OSA-Bewertungsschlüssels zur Dokumentation der Ergebnisse 54
Literatur 54

OSA-Kompetenz-Bewertungsschlüssel – Beispiel 1 55
OSA-Kompetenz-Bewertungsschlüssel – Beispiel 2 56
OSA-Kompetenz-Bewertungsschlüssel – Beispiel 3 57
Verwendung der OSA-Bewertungsschlüsselbögen 58

Anhang
A Basisschritte zur Anwendung des OSA 60
B Richtlinien zur Anwendung des OSA 61
   Den Klienten mit dem Sinn, der Struktur und den Fragen des OSA vertraut machen 61
   Erklären der Anleitung, wie das OSA auszufüllen ist 61
C OSA – Ich über mich 62
D OSA Ergotherapeutischer Behandlungsplan 64
   Veränderungswünsche/Problembereiche 64
   Fernziele/Nahziele 65
   Ziele/Umsetzungsplan 66
E OSA-Follow-up-Untersuchung Ich über mich 67
F OSA-Ergebnisbogen – Erstanwendung 69
   OSA-Ergebnisbogen – Fortschritt-/Abschlussergebnisse 70
G OSA-Kompetenz-Bewertungsschlüssel 71
   OSA-Wichtigkeits-Bewertungsschlüssel 72
   Verwendung der OSA-Item-Hierarchie 73
   OSA-Item-Hierarchie: Kompetenz-Items 74
   OSA-Item-Hierarchie: Wichtigkeits-Items 75
H Glossar 76
I Konzepte und zugehörige Items 78
J Beschreibung des „Meine Umwelt"-Bogens, der Items und ihrer Bedeutung 79
   OSA – Meine Umwelt 81
   Follow-up-Bogen – OSA – Meine Umwelt 82

* übersetzt von Silke Blomberg

| Danksagung

Wir möchten Frau Dr. Elizabeth Townsend, PhD, OT(C) für ihre beratende Unterstützung bei der Entwicklung des OSA danken. Das OSA basiert auf einer Tradition, welche die Zusammenarbeit von Therapeut und Klient fördert. Als wir anfingen, dieses Instrument zu entwickeln, stellten wir fest, dass die klientenzentrierte Methode die Idee der Zusammenarbeit umfassend und effektiv darstellt. Aus diesem Grund beschlossen wir, sowohl das Modell der menschlichen Betätigung als auch die klientenzentrierte Methode als theoretische Grundlagen für das OSA zu wählen. Aufgrund mangelnder Erfahrung mit der klientenzentrierten Methode baten wir Frau Dr. Townsend, uns als Beraterin zur Seite zu stehen und sicherzustellen, dass wir die Ideen der klientenzentrierten Methode im OSA adäquat wiedergeben. Frau Dr. Townsend hat uns über viele Monate unterrichtet, unsere Arbeit kommentiert, viele Anmerkungen gemacht und letztendlich das OSA und die Beschreibung von Bedeutung und Anwendung in diesem Handbuch stark beeinflusst. Ihr Beitrag an unserem Lernen und unserer Arbeit war außergewöhnlich. Für einige Teile des Handbuches hat Dr. Townsend selbst etwas geschrieben oder angemerkt – wir haben diese Stellen kenntlich gemacht.

Neben den unten aufgeführten Personen aus aller Welt, die zur Entwicklung des OSA beigetragen haben, möchten wir speziell Lidia Dobria für die Entwicklung der OSA-Bewertungsschlüssel danken.

- Lis Ahlfors
- Susan Andersen
- Raymond Au
- Kim Bryze
- Kenny Chan
- Vicky Chang
- Sammy Cheung
- Mann Chu
- Alice Cook
- B. Crocker
- Tine Dale-Koller
- Kim Duba
- Sue Dudek
- Dan Fogelberg
- Kirsty Forsyth
- Ellie Fossey
- Ada Frans
- Gisha George
- Mary Gilbert
- Lauren Goldbaum
- Catherine Hadrill
- Eva Marie Hellsvik
- Clare Hocking
- Celeste Januszewski
- Ruth Kim
- Astrid Kinebanian
- Jin-Shei Lai
- Dalleen Last
- Helena Lauiainen
- Mary Law
- Mike Littleton
- Karen Liu
- Mark MacNeill
- Willa Madden
- Sandra Marin
- Erica Mauldin
- Randi Monroe
- Eric Olson
- Linda Olson
- Silke Reinhartz
- Jennifer Shumacher
- Cathy Sweetingham
- Clara Thomas
- Silvia Lobba Travi
- Heidi Waldinger
- Takashi Yama

Vorwort

Mitte der Neunzigerjahre begann im deutschen Sprachraum die Auseinandersetzung mit englischsprachigen Theorien und Modellen der Ergotherapie. Einen besonderen Einfluss auf diesen Prozess hatten Workshops und Seminare, die Gary Kielhofner, Professor für Ergotherapie an der University of Illinois Chicago (UIC), in Deutschland und am Karolinska Institutet in Stockholm abhielt. Nach ersten Auseinandersetzungen, zunächst mit dem Model of Human Occupation (MOHO), wurden in schneller Folge Assessments aus dem Amerikanischen ins Deutsche übersetzt – zunächst als Handout für Workshops und als Teil von Leistungsnachweisen für den International Master's Course in Stockholm, später von einzelnen engagierten Kolleginnen und Kollegen. Primäres Ziel war es, diese Instrumente möglichst schnell deutschsprachigen Praktikern zugängig zu machen.

Dies führte dazu, dass 1999 die Edition VITA ACTIVA gegründet wurde. Sie entstand als Teil von Aha..., einer Fortbildungsinitiative im Deutschen Verband der Ergotherapeuten (DVE). In dieser Edition konnten deutsche Übersetzungen von MOHO-Assessments und -Programmen im Selbstverlag vertrieben werden. Dies geschah mit Erlaubnis des MOHO Clearinghouse (UIC), mit dem seit Anbeginn eine enge Kooperation bestand (MOHO Clearinghouse: http://www.moho.uic.edu/). Die Produktion und den Vertrieb der Assessments übernahm das Berufstrainingszentrum Köln. Die Assessments fanden großen Anklang und Absatz.

Mit der beginnenden Akademisierung in Deutschland um die Jahrtausendwende nehmen die Übersetzungsaktivitäten bis auf den heutigen Tag zu. Den im Selbstverlag veröffentlichten Assessments konnte der jeweils aktuelle Stand der Diskussion um die Terminologie entnommen werden. Die Überprüfung der Übersetzungen in Bezug auf einheitliche Terminologie erfolgte im Rahmen des Selbstverlags nicht systematisch.

Um den terminologischen Problemen der Übersetzungsarbeit zu entkommen, konnten ÜbersetzerInnen auf Entwicklungen zurückgreifen, die sich parallel allmählich entfalteten: Der Mangel an einheitlicher Fachsprache in deutschsprachigen Ländern und die nicht immer einheitlichen Übersetzungen englischer Texte führten zur Gründung der Gruppe Modelle und Theorien Deutschland, einer Arbeitsgruppe aus Berufskolleginnen, die sich seit 1996 mit Übersetzungsfragen im deutschsprachigen Raum beschäftigt. Eine gleichnamige Gruppe arbeitet in Österreich. In der deutschen Arbeitsgruppe wurde das Fachwörterbuch Ergotherapie erarbeitet und inzwischen überarbeitet herausgegeben (Dehnhardt et al. [1]2000 und Berding et al. [5]2006). 2001 startete das noch laufende Fachterminologie Projekt des European Network for Occupational Therapy in Higher Education (ENOTHE), ein Netzwerk europäischer Ausbildungsstätten und Hochschulprogramme für Ergotherapeuten. Ziel dieses Projektes ist die Harmonisierung der Terminologie bezogen auf die Vielfalt europäischer Sprachen, unterschiedlicher Interpretationen, die Übersetzung wichtiger Fachbegriffe und die Inhaltsklärung von Begriffen. Hiermit soll das Übersetzen in verschiedene Sprachen erleichtert und Kommunikation über Länder und Sprachen hinweg ermöglicht werden (www.enothe.de).

Fragt man sich, warum diese englischsprachigen Assessments auf eine so große Resonanz stoßen, erklärt sich dies sicher aus ihrem Anspruch, aus einer klientenzentrierten Perspektive einen besonderen Bezug zu den Alltagsbetätigungen der Klienten herzustellen und damit die Relevanz des ergotherapeutischen Ansatzes für Therapie und Rehabilitation besonders deutlich zu machen. Daraus ergeben sich besondere Herausforderungen, nämlich kultursensible Übersetzungen zu gewährleisten. Individuelle Ansprache und Alltagsbezug sind hochgradig in kulturelle Zusammenhänge eingebettet (Su, C.-T. & Parham, L. D., 2002). So sind im kulturellen Entstehungskontext des Assessments die Betätigungen selbst und die Art verhaftet, wie möglichst allgemein verständlich danach gefragt wird. Hier die Bedeutungen adäquat zu übertragen, erfordert einen Prozess allmählicher Annäherung zwischen Ausgangs- und Zielkontext, der nicht von einer Person geleistet werden kann.

Folglich spielen die Stichworte Terminologie und Kultursensibilität im Rahmen ergotherapeutischer Assessmententwicklung und -übersetzung eine wesentliche Rolle in der Zielsetzung der VITA ACTIVA-Reihe im Schulz-Kirchner Verlag:

1. Die ‚Wissenschaftliche Reihe' will bereits im Selbstverlag veröffentlichte Assessments einem größeren Kreis ergotherapeutischer Praktiker zugängig machen. Hierbei soll die letztverfügbare Version berücksichtigt, die Terminologie dieser Assessments aktualisiert und vereinheitlicht und die deutsche Übersetzung durch eine englische Muttersprachlerin überprüft werden (siehe hierzu die Anleitung zur Durchführung der Übersetzungsüberprüfung im Anhang dieses Bandes). Auch neu übersetzte Assessments sollen in diese Reihe aufgenommen und demselben Prüfverfahren unterworfen werden.
2. In die Reihe ‚Ergotherapeutische Arbeitshilfen' sollen Erhebungsinstrumente aufgenommen werden, die im deutschen Sprachraum entwickelt wurden, die einen Prozess der Erprobung in einer ergotherapeutischen Abteilung aufweisen können und die über ein ausgearbeitetes Handbuch verfügen, so dass eine gründliche strukturierte Einarbeitung in das Assessment möglich ist.

VITA ACTIVA repräsentiert mit den in ihr erscheinenden Assessments und Erhebungsinstrumenten einen bestimmten Entwicklungsschritt im Professionalisierungsprozess ergotherapeutischer Praxis: die Einsicht in die Notwendigkeit terminologischer Standardisierung und sinngemäßer Überprüfung von und des kritischen Umgangs mit Erhebungsinstrumenten. Hiermit wird ein wichtiger Beitrag zur Qualitätssicherung ergotherapeutischer Maßnahmen erbracht. Nachfolgend werden Validierungsstudien der in dieser Reihe erschienenen Instrumente erforderlich sein. Erst gut validierte Instrumente, von denen es bisher noch zu wenige gibt, werden dazu beitragen, dass auch die deutschsprachige Ergotherapie bspw. im Rahmen größerer Forschungsprojekte ihren genuinen Beitrag zu Therapie-, Rehabilitations- und Präventionserfolgen evident nachweisen kann.

Die Herausgeber danken dem DVE, der die Übersetzungsüberprüfung und den Erwerb eventuell notwendiger Lizenzen finanziell unterstützt, dem Schulz-Kirchner Verlag für die Übernahme der Reihe, Frau Sarah Breakell für ihre sorgfältige Überprüfung der Übersetzungen, den Übersetzerinnen und Übersetzern, die sich die Mühe machen, ihre Übersetzungen zu überprüfen und zu aktualisieren und Gary Kielhofner, dessen Interesse, Kollegialität und Offenheit die Entstehung dieser Reihe erst möglich gemacht hat.

Die Herausgeber
Ulrike Marotzki, Christiane Mentrup, Peter Weber

Literatur

Berding, J. et al. (2006). Fachwörterbuch Ergotherapie. 5. Auflage, Idstein: Schulz-Kirchner Verlag

Dehnhardt, B. et al. (2000). Fachwörterbuch Ergotherapie. Idstein: Schulz-Kirchner Verlag

Su, C.-T. & Parham, L. D. (2002). Case Report – Generating a valid questionnaire translation for cross-cultural use. American Journal of Occupational Therapy, 56, 581-585

| Einleitung

Das Occupational Self Assessment (OSA) ist ein Erhebungsinstrument, das auf dem Modell der menschlichen Betätigung (Model of Human Occupation, Kielhofner, 2002) basiert und zur Dokumentation des Behandlungsverlaufes geeignet ist. Das OSA erfasst, wie der Klient seine Fähigkeit, tätig zu sein, einschätzt, und es erfragt den Einfluss, den die Umwelt auf das Tätigsein des Klienten ausübt. Das OSA ist ein *klientenzentriertes* Erhebungsinstrument, das den Klienten direkt befragt. Es ist ein zweiteiliges Selbsteinschätzungsinstrument. Im ersten Teil wird der Klient aufgefordert, seine Fähigkeit, bestimmte Tätigkeiten durchzuführen, zu bewerten. Danach bestimmt der Klient die Wichtigkeit, die eine bestimmte Tätigkeit für ihn hat. Im zweiten Teil wird der Klient auf vergleichbare Art über seine Umwelt befragt. Nachdem Teil 1 und 2 durchgeführt worden sind, bestimmt der Klient Schwerpunkte, die er gern ändern würde, und im letzten Schritt werden dann hieraus Therapieziele formuliert. Es gibt zwei Möglichkeiten, Therapieziele zu bestimmen: Der Klient legt sie zuerst allein fest und bespricht seine Ziele danach mit dem Therapeuten, oder der Therapeut hilft bei diesem Prozess der Zielfestlegung mit. Mit beiliegendem Behandlungsplan können Klient und Therapeut gemeinsam Therapieziele und Behandlungsschritte bestimmen und diese immer wieder überprüfen und dem Therapieverlauf anpassen. Der Verlaufsbogen kann am Ende oder zur Kontrolle während der Behandlung angewandt werden. Vergleicht man die Daten des ersten OSA mit denen der Verlaufsbögen, erhält man Information über Veränderungen des Klienten und somit über den Behandlungsverlauf.

Das OSA sollte als Erhebungsinstrument zu Beginn der Behandlung eingesetzt werden. Es sollte aber nicht einfach nur ausgefüllt werden, sondern einen Prozess in Gang setzen, in dem der Klient ermutigt und befähigt wird, seine Sichtweisen zu benennen und die Behandlung aktiv mitzugestalten.

Da das OSA auf dem Modell der menschlichen Betätigung (MOHO) basiert, wird dem Klienten so der theoretische Rahmen, mit dem der Therapeut arbeitet, erläutert. Es erlaubt dem Klienten weiterhin, dem Therapeuten seine Erfahrungen, Handlungen und Meinungen so mitzuteilen, dass sich eine gute Klienten-Therapeuten-Beziehung entwickeln kann.

Damit das OSA Veränderungen messen kann, muss es in der Lage sein, Veränderungen des Klienten in seinem Tätigsein zu erkennen. Hierzu enthält das OSA zwei wichtige Elemente. Beim Ausfüllen der Selbsteinschätzungsbögen markiert der Klient zuerst, wie gut er die einzelnen Bereiche (benannt durch die Items) ausführen kann. Diese Antworten zeigen, wie gut der Klient seiner Meinung nach die einzelnen Tätigkeiten ausführt (Kompetenz). Das Gleiche gilt für den Einfluss, den die Umwelt auf das Leben des Klienten hat (Umwelteinfluss). Im zweiten Schritt wird dann bewertet, wie wichtig ihm die einzelnen Tätigkeiten bzw. Faktoren aus seiner Umwelt sind. Wenn Klienten Dinge, die ihnen wichtig sind, gut ausführen, dann gibt es in diesem Bereich eine Übereinstimmung. Diese ist nicht so groß, wenn ein Klient Probleme in einem Bereich hat, der ihm wichtig ist. Ist ein Bereich aber nicht so wichtig für den Klienten, dann wird er hier nicht unbedingt eine Veränderung suchen. Die Übereinstimmung hängt also davon ab, wie der Klient eine Aussage bewertet und wie wichtig diese für ihn ist. Wie oben schon erwähnt, kann das OSA am Ende der Behandlung oder zur Überprüfung zwischendurch wieder angewandt werden. Die Verlaufsbögen sind bis auf den fehlenden 3. Schritt (Ich würde gerne ändern) mit den original OSA-Bögen identisch.

Da das OSA so gestaltet ist, dass es die Kompetenz des Einzelnen bzgl. seines Tätigseins und seine Zufriedenheit mit den ihn umgebenden Umwelteinflüssen misst, kann man es auch zu wissenschaftlichen Zwecken verwenden, wenn man Auskunft über die im OSA erfragten Variablen erhalten möchte. Jeder, der das OSA zu eigenen wissenschaftlichen Zwecken nutzen oder an den fortlaufenden Studien teilnehmen möchte, sollte sich über das MOHO Clearinghouse an die Autoren wenden:

Model of Human Occupation Clearinghouse
Department of Occupational Therapy (MC 811)
College of Applied Health Sciences
1919 West Taylor Street
Chicago, IL 60612-7250, USA
Fax: 312-413-0256
Website: http://www.moho.uic.edu

Hier noch einmal eine kurze Zusammenfassung, warum das OSA entwickelt wurde:

1. um die Wahrnehmung des Klienten für sein Tätigsein zu erfassen
2. um herauszufinden, wie wichtig die einzelnen Tätigkeitsbereiche für den Klienten sind
3. um Klienten zu unterstützen, Bereiche zu benennen, in denen Veränderungen gewünscht sind, und um ein Einbezogensein in Therapiezielbestimmung und Behandlungsplanung zu ermöglichen
4. um Therapeuten Sichtweisen und Schwerpunkte der Klienten aufzuzeigen
5. um Klienten Behandlungsinhalte näherzubringen und eine gute Basis für die Klienten-Therapeuten-Beziehung herzustellen
6. um Kommunikation und ein Gefühl von Partnerschaft und Zusammenarbeit zwischen Klient und Therapeut zu fördern
7. um den Einfluss zu erkennen, den Durchführung und Wert von Tätigkeiten auf den Klienten haben sowie Klientenfortschritt und Therapieeffektivität festzustellen
8. um einen Eindruck von der Zufriedenheit des Klienten mit seinen Fähigkeiten zu erhalten

Dieses Handbuch soll Therapeuten mit notwendigen Hintergrundinformationen, Richtlinien und Bögen versorgen, um das OSA anzuwenden. Es wird empfohlen, das Handbuch vor der Durchführung des OSA sorgfältig zu lesen und immer wieder nachzuschlagen, auch wenn man das OSA schon mehrfach angewendet hat.

Literatur

Kielhofner, G. (2002). A model of human occupation: Theory and application (3rd ed.). Baltimore: Lippincott, Williams & Wilkins.

| Kapitel 1

Geschichte der Entwicklung und Forschungsgrundlagen des OSA

Geschichte der Entwicklung des Occupational Self Assessment

Die Entwicklung des OSA wurde 1998 mit der Absicht begonnen, ein klientenzentriertes Assessment zur objektiven Erfassung und Dokumentation von Betätigungsfunktion zu erhalten. Mit dem OSA kann die Klientenperspektive auf die eigene Betätigungsdurchführung und Partizipation dargestellt werden – zusammengeführt unter dem Begriff der Betätigungskompetenz und der Wichtigkeit bzw. Wertigkeit, die ein Klient diesen beimisst (Betätigungs-Werte und Identität).

Entwicklung des OSA und wissenschaftliche Untersuchungen zum OSA

Bei der Entwicklung des OSA wurde Wert darauf gelegt, dass es die Theorie des MOHO und die Prinzipien klientenzentrierter Praxis widerspiegelt. Eine Gruppe internationaler Therapeuten, die mit MOHO arbeiten, war als Berater und Experten an der Entwicklung der früheren Version beteiligt. Um sicherzustellen, dass das OSA kulturunabhängig ist, wurde es im Rahmen der Pilotstudie (oft in übersetzter Form) in verschiedenen Ländern eingesetzt. Der Input dieser aus verschiedenen Ländern und Kulturen stammenden Therapeuten war notwendig, um ein kultur- und sprachübergreifendes Instrument zu entwickeln. Sowohl dieser Input als auch die eingebrachten klinischen und theoretischen Aspekte unterstützten die Entwicklung des OSA. Darüber hinaus übernahmen viele dieser internationalen Therapeuten die Entwicklung/Übersetzung des OSA in eine andere Sprache. Eine Liste der übersetzten OSA-Handbücher finden Sie auf der Webseite des MOHO Clearinghouse: http://www.moho.uic.edu/mohorelatedrsrcs#TranslatedMOHOAssessments.

Dr. Elizabeth Townsend aus Kanada wirkte ebenfalls als Beraterin bei der Entwicklung des OSA mit. Während der gesamten Zeit half sie mit ihrer Kritik, ihrem Feedback und, sehr wichtig, erlaubte sie Einblick in die klientenzentrierte Methode, die das OSA mit seinem Handbuch und seinen Erhebungsbögen maßgeblich geprägt hat (damit das OSA ein klientenzentriertes Instrument werden konnte).

Zusammenfassend lässt sich sagen, dass das OSA erst durch diese internationale Zusammenarbeit sein Format und seinen Inhalt erhalten hat.

Verschiedene internationale Studien, die mit dem OSA durchgeführt wurden, bestätigen, dass das OSA (Items und Mess-Skala für Kompetenz und Wichtigkeit) ein valides und reliables Instrument zur Messung von Betätigungskompetenz und Wertschätzung von Betätigung ist. Diese Erkenntnis führte zu der Entwicklung der OSA Key Forms (siehe Kapitel 5 und Anhang G).

Alle MOHO-Assessments unterziehen sich einer gründlichen und anspruchsvollen Untersuchung. Therapeuten, die mehr über OSA zugrunde liegende Evidenz erfahren möchten, sollten sich hierzu auf der MOHO-Webseite unter „evidence based search" informieren. Hier finden Sie aktuelle Informationen und Studien zum OSA (http://www.moho.uic.edu).

Literatur

Helfrich, C. & Aviles, A. (2001). Occupational therapy's role with domestic violence: Assessment and intervention. Occupational Therapy in Mental Health, 16 (3/4), 53-70.

Keller, J. & Forsyth, K. (2004). The Model of Human Occupation in practice. The Israel Journal of Occupational Therapy, 13 (3), E99-E106.

Kielhofner, G. & Forsyth, K. (2001). Measurement properties of a client self-report for treatment planning and documenting therapy outcomes. Scandinavian Journal of Occupational Therapy, 8 (3), 131-139.

Venable, E., Hanson, C., Shechtman, O. & Dasler, P. (2000). The effects of exercise on occupational functioning in the well elderly. Physical and Occupational Therapy in Geriatrics, 17 (4), 29-42.

| Kapitel 2

Theoretische Grundlagen des OSA

Das OSA basiert auf folgenden zwei Konzepten: dem Modell der menschlichen Betätigung und dem kanadischen Konzept der klientenzentrierten Praxis. Das Modell der menschlichen Betätigung bietet den theoretischen Hintergrund für die Items und ihre Anwendung. Die klientenzentrierte Methode bietet ein mögliches Gerüst für die Anwendung des OSA in der Praxis.

Die beiden genannten Methoden ergänzen sich auf natürliche Weise. Das Modell der menschlichen Betätigung wurde vor zwei Jahrzehnten als konzeptionelles Praxismodell entwickelt, das seinen Fokus – entgegen der damaligen allgemein vorherrschenden ergotherapeutischen Perspektive – auf den Menschen und nicht nur auf seine Defizite richtet. Grundlage des Modells ist die Überzeugung, dass die Wahl bestimmter Tätigkeiten bzw. Betätigungen z. B. nach persönlichen Erfahrungen, Vorlieben und Wünschen getroffen wird. Zusätzlich spricht das Modell die Tatsache an, dass ein Leben mit Behinderung mehr erfordert als das Verringern funktioneller Einschränkungen; es erfordert den Aufbau einer individuellen täglichen Routine und den Aufbau von Beziehungen zu verschiedenen sozialen Systemen – den Einbezug des Kontextes in die Behandlung.

Zusammenfassend lässt sich sagen, dass das Modell der menschlichen Betätigung nach einer Behandlungsmethode fragt, die sich an der Besonderheit der speziellen Situation jedes einzelnen Klienten ausrichtet, seine Motive und seinen Lebensstil beachtet. Jede Behandlung soll demzufolge individuell für jeden Klienten und seine Umstände entworfen werden. Aus diesem Grund wird im MOHO keine Behandlungsmethode vorgestellt, die für alle Klienten anwendbar ist. Vielmehr wird vorgeschlagen, eine Behandlungsmethode zu wählen, die speziell auf den jeweiligen Klienten angepasst wird und von seinen individuellen Charakteristika beeinflusst ist.

Die kanadische klientenzentrierte Methode entspricht dieser Forderung. Sie verlangt, den Klienten mit seinen Perspektiven, Bedürfnissen und Wünschen in den Mittelpunkt der Therapie zu stellen. Jede Behandlung, die sich mehr an den Vorstellungen des Therapeuten als an denen des Klienten orientiert, wird als unangemessen betrachtet.

Das Modell der menschlichen Betätigung

Wie bereits erwähnt, bildet das Modell der menschlichen Betätigung (Kielhofner, 2002) die theoretische Grundlage für das OSA. Therapeuten, die mit dem OSA arbeiten möchten, sollten über praktische Kenntnisse im Umgang mit dem Modell verfügen. Therapeuten, die sich mit dem Modell noch nicht näher befasst haben, seien ermutigt, das Buch „A Model of Human Occupation: Theory and Application" durchzuarbeiten.

Im Modell wird Betätigungsverhalten von vier Hauptfaktoren beeinflusst.

Die ersten drei sind persönliche Faktoren: **Volition, Habituation und Performanz.**

Volition bezieht sich auf den Prozess, in dem eine Person experimentiert, interpretiert, etwas erwartet und Betätigungsverhalten wählt. Volition wird als eine Sammlung von Gedanken und Gefühlen beschrieben, als die Fähigkeit, Vergnügen und Befriedigung zu empfinden und die Fähigkeit, Betätigungen zu wählen, die als wichtig und bedeutungsvoll

erlebt werden. Volition setzt sich aus drei Komponenten zusammen:
a) Selbstbild: Gespür für die eigenen Fähigkeiten und Wirksamkeit,
b) Interessen: was eine Person interessiert und was sie bevorzugt zu tun, und
c) Werte: persönliche Lebens- und Weltanschauung.

Wie jemand sich selbst als „tätiges Wesen" sieht, ist in Selbstbild, Werten und Interessen zu erkennen. Diese Komponenten beeinflussen das Betätigungsverhalten und die Wahl von Betätigungen. Volition findet sich in den Erzählungen einer Person über sich selbst wieder. Diese Erzählungen (volitional narrative) zeigen, wie jemand sich selbst in seiner sich entfaltenden Lebensgeschichte sieht. Hierin sind eine Interpretation der Vergangenheit und Erwartungen an die Zukunft enthalten. Entscheidungen, die die Volition betreffen, zeigen häufig, dass jemand seine Lebensgeschichte in eine bestimmte Richtung lenken möchte.

Habituation beschreibt den Prozess, der uns hilft, Regelmäßigkeit im täglichen Leben zu erhalten und einzurichten. Verinnerlichte Rollen und Gewohnheiten sind zwei Komponenten der Habituation, die dem Betätigungsverhalten Regelmäßigkeit verschaffen.
a) Verinnerlichte Rollen reflektieren die Position einer Person im sozialen Umfeld (z. B. Eltern zu sein, Arbeitnehmer, Freund, Familienmitglied). Rollen versorgen uns mit einer Identität und mit wahrscheinlichem Verhalten.
b) Gewohnheiten erwachsen aus wiederholtem Verhalten in einem bestimmten Kontext, einer bestimmten Umgebung.

Rollen und Gewohnheiten ermöglichen automatisches Handeln und die Anpassung an die jeweilige Umgebung. Tägliche Routine und die Art, bekannte Tätigkeiten durchzuführen, sind Beispiele für Gewohnheiten.

Performanz bezieht sich auf angeborene Fähigkeiten, die jemand besitzt, und ist Grundlage für die geschickte Durchführung von Tätigkeiten. Unter Fertigkeiten sind hier Elemente zu verstehen, die für
a) Motorik,
b) Handlungsdurchführung,
c) Kommunikation und Interaktion

notwendig sind. Diese Fertigkeiten werden benötigt, um mit der physischen Welt, ihren Objekten, Gegebenheiten, Handlungsweisen und allem, was uns soziokulturell umgibt, in Interaktion treten zu können.

Der vierte Faktor, der Betätigungsverhalten beeinflusst, ist die **soziale und physische Umwelt**. Die physische Dimension der Umwelt beinhaltet Plätze/Orte/Räume und Objekte. Die soziale Dimension beinhaltet Betätigungsformen, die Personen ausführen und soziale Gruppen.

Volition, Habituation, Performanz und Umwelt wirken bei Betätigungsbeteiligung zusammen. Bei der Wahl von Betätigungen interagieren z. B. Weltanschauung, Vorlieben, Fähigkeiten (die jemand zu haben glaubt) mit Gelegenheiten, Möglichkeiten und Zwängen der Umwelt. Auf ähnliche Weise beeinflussen Fähigkeiten, erlerntes Verhalten, soziale Umstände die Performanz einer Person.

Benennung von Problemen mithilfe von Konzepten

Das OSA wurde so gestaltet, dass es als Brücke zwischen den theoretischen Konzepten des Modells der menschlichen Betätigung (MOHO) und der Weise, wie Menschen über ihr Leben denken und sprechen, dienen kann. Deshalb waren wir bei der Entwicklung des OSA bemüht, eine Terminologie für die Selbsteinschätzung zu finden, die allgemein verständlich ist. Obwohl das OSA eine Reihe von festgelegten Items bzw. Aussagen enthält, sind diese in verständlicher Alltagssprache gehalten. Auf diese Weise haben wir versucht, das OSA zu einem klientenzentrierten Assessment zu machen. Es gibt Klienten die Möglichkeit, dem Therapeuten wichtige Informationen über sich in Alltagssprache zu vermitteln. Das OSA zeigt Klienten auch die theoretische Grundlage, mit welcher der Therapeut arbeitet. Als solches fördert es Kommunikation und Zusammenarbeit im Sinne der klientenzentrierten Praxis.

In Anhang I sind die Items der Fragebögen mit ihren entsprechenden Konzepten zum MOHO aufgezeigt. Durch den Verzicht auf Fachsprache versucht das OSA, die verschiedenen Bereiche des MOHO klientenfreundlich auszudrücken. Eine weitere wichtige Überlegung war es, die Balance zwischen einfacher Ausführung des Assessments, Kompaktheit und Detail zu finden. Das bedeutete, die richtige Länge (z. B. Anzahl der Items) für die Skala zu bestimmen. Das OSA hat 21 Items. Dies erlaubt es Klienten, das OSA in angemessen kurzer Zeit zu beantworten, während es zugleich viele Informationen liefert.

Klientenzentrierte Praxis und das OSA

Die momentane Entwicklung klientenzentrierter Praxis in der Ergotherapie geht mit einer gesellschaftlich veränderten Sichtweise von Gesundheit und Gesundheitsversorgung einher. Wie von der Ottawa Charter for Health Promotion definiert, ist Gesundheit die „Grundlage zum Leben" (Law, Baptiste & Mills, 1995). Diese gegenwärtige Sichtweise von Gesundheit hat zu einer vermehrten Beachtung der Rechte von Konsumenten und Klienten in Gesundheitsfragen geführt.

Klientenzentrierte Praxis ist grundlegend von kanadischen Ergotherapeuten beschrieben worden. Sie ist als eine ergotherapeutische Herangehensweise definiert, „die mit der Philosophie von Respekt für und Partnerschaft mit Menschen, die Behandlung erhalten, arbeitet" (Law, Baptiste & Mills, 1995). Klientenzentrierte Praxis basiert auf verschiedenen grundlegenden Annahmen, die die Wertschätzung und Würdigung von Humanität und Menschenwürde beinhalten. „Davon ausgehend, dass Individuen komplexe Wesen mit vielen Einzelbereichen und einzigartigen Fähigkeiten zum Interpretieren, Vermitteln und Handeln sind, ist Ergotherapie bemüht, funktionelle Erfahrungen zu vermitteln, Selbstwertgefühl so zu steigern, dass es Individuen gelingt, ihre Möglichkeiten voll auszuschöpfen" (OT Guidelines for Client-Centered Practice, 1991). Des Weiteren wird der Einzelne als komplexes und integriertes System verstanden, das mit seiner sozialen, kulturellen und physischen Umwelt interagiert und diese beeinflusst.

Da klientenzentrierte Praxis die Einzigartigkeit jedes Klienten achtet, zeichnet sie sich durch Elemente aus, die das Klienten-Therapeuten-Verhältnis definieren – den professionellen Respekt vor den individuellen gesundheitlichen Bedürfnissen des Klienten eingeschlossen. Die Verantwortung, ein individuelles Therapieprogramm zu gestalten, wird von Klient und Therapeut geteilt. Der Therapeut ist dafür verantwortlich, dem Klienten notwendige Informationen zu beschaffen, damit es ihm möglich wird, Entscheidungen bezüglich seiner Bedürfnisse und Tätigkeiten zu fällen. Zusätzlich zeigt der Therapeut mit seinem professionellen Sachverständnis verschiedene Möglichkeiten zur Problemlösung bei Handlungsdurchführungen auf. Der klientenzentrierte Ansatz erkennt die Notwendigkeit, therapeutische Assessments und die Behandlung individuell anzupassen. Diese Methode erfordert Flexibilität, setzt ihren Schwerpunkt auf Lernen und Problemlösung und behält den Fokus auf den Zielen des Klienten.

Literatur

Kielhofner, G. (2002). A Model of Human Occupation: Theory and Application, (3rd ed.). Baltimore: Lippincott, Williams & Wilkins.

Law, M., Baptiste, S. & Mills, J. (1995). Client-Centered Practice: What does it mean and does it make a difference? Canadian Journal of Occupational Therapy, 62, 5, 250-257.

Occupational Therapy Guidelines for Client-Centered Practice (1991). Ontario, Canada: Canadian Association of Occupational Therapists.

| Kapitel 3

Inhalt des Selbsteinschätzungsinstruments OSA

Dieses Kapitel wird Sie mit den OSA-Bögen, ihrem Inhalt und der vorgesehenen Nutzung vertraut machen. Hier werden ebenfalls die Konstrukte/Bereiche, die das OSA misst, erläutert. Es empfiehlt sich, während Sie dieses Kapitel lesen, eine Kopie der Bögen (in Anhang C) zur Seite liegen zu haben.

Das Selbsteinschätzungsinstrument ist ein einfacher Papier und Bleistift-Selbsteinschätzungsbogen; zu jedem Item werden zwei Antworten gegeben (je eine zu Kompetenz und Wichtigkeit). Jedes Item wurde auf Grundlage des Modells der menschlichen Betätigung entwickelt und in Alltagssprache überführt. Die Aussagen sind unten aufgelistet und in Anhang I zur Unterstützung bei der Befragung zu finden (siehe Tabelle 3-1).

Tabelle 3-1: MOHO-Konzepte und zugehörige Items

Fähigkeiten/Betätigungsperformanz (Occupational Performance)	<ul><li>Ich kann mich auf meine Aufgaben konzentrieren.</li><li>Ich bin körperlich in der Lage zu tun, was nötig ist.</li><li>Ich halte meine Wohnung in Ordnung.</li><li>Ich achte auf mich.</li><li>Ich kümmere mich um Menschen, für die ich verantwortlich bin.</li><li>Ich erreiche Orte, an die ich gehen muss.</li><li>Ich regele meine Finanzen.</li><li>Ich achte auf meine Grundbedürfnisse (Essen, Medikamente).</li><li>Ich kann mich anderen gegenüber ausdrücken.</li><li>Ich komme mit anderen zurecht.</li><li>Ich erkenne Probleme und kann sie lösen.</li></ul>
Habituation • Gewohnheiten • Rollen	<ul><li>Ich kann etwas mit mir selbst anfangen.</li><li>Ich tue, was erforderlich ist.</li><li>Ich habe einen Tagesablauf, der mir zusagt.</li><li>Ich erledige die Dinge, für die ich verantwortlich bin.</li><li>Ich bin eingebunden, z. B. als Student, Arbeitnehmer, arbeite ehrenamtlich und/oder als Familienmitglied.</li></ul>
Volition • Selbstbild • Werte • Interessen	<ul><li>Ich führe Tätigkeiten aus, die ich mag.</li><li>Ich arbeite auf meine Ziele hin.</li><li>Ich treffe Entscheidungen nach dem, was ich für wichtig halte.</li><li>Ich erreiche, was ich mir vorgenommen habe.</li><li>Ich nutze meine Fähigkeiten effektiv.</li></ul>

Die Aussagen des OSA sind so formuliert, dass ihre Bedeutung für den Klienten in den meisten Fällen eindeutig ist. Falls sich ein Klient über die Bedeutung einer Aussage nicht im Klaren ist, kann der Therapeut ihm behilflich sein (siehe Kapitel 4). Die folgende Tabelle 3-2 zeigt die Items und ihre Bedeutung. Sie soll Therapeuten helfen, die Bedeutung der Items im Einzelnen zu verstehen. Diese Tabelle ist auch als Hilfe bei der Anwendung des OSA in Anhang H zu finden (siehe Tabelle 3-2).

Tabelle 3-2: Item Glossar

Performanz-Item	Erläuterungen
Ich kann mich auf meine Aufgaben konzentrieren.	Sich einer Aufgabe zuwenden, um sie auszuführen
Ich bin körperlich in der Lage zu tun, was nötig ist.	Die motorischen Fähigkeiten, sich selbst und Objekte zu bewegen, um die Aufgaben des täglichen Lebens zu erledigen
Ich halte meine Wohnung in Ordnung.	Seine Wohnung/Zimmer putzen und aufräumen
Ich achte auf mich.	Auf sich zu achten – persönliche Hygiene, adäquate Kleidung anziehen
Ich kümmere mich um Menschen, für die ich verantwortlich bin.	Sich um Angehörige kümmern, z. B. Kinder, ältere Verwandte
Ich erreiche Orte, an die ich gehen muss.	Benutzung öffentlicher Verkehrsmittel – z. B. zur Arbeit, zu Verabredungen, zum Einkaufen fahren – oder laufen
Ich regele meine Finanzen.	Kostenplanung: Mit dem finanziellen Rahmen, den man hat, auskommen; Rechnungen pünktlich bezahlen
Ich achte auf meine Grundbedürfnisse (Essen, Medikamente).	Einen gesunden Ernährungsplan einhalten, angemessene Mengen essen, notwendige Medikamente einnehmen, sich insgesamt um seine Gesundheit kümmern
Ich kann mich anderen gegenüber ausdrücken.	Anderen seine Bedürfnisse oder Meinungen mitteilen, nach Dingen fragen und Informationen teilen
Ich komme mit anderen zurecht.	In der Lage sein, sich auf andere einzulassen, andere zu respektieren, mit anderen zusammenzuarbeiten und Kontakt aufzunehmen
Ich erkenne Probleme und kann sie lösen.	Informationen einholen und anwenden, Lösungen erkennen, zwischen Alternativen auswählen, ein Problem systematisch angehen und lösen

Habituation-Item	Erläuterungen
Ich kann etwas mit mir selbst anfangen.	Sich regelmäßig Zeit nehmen, um zu entspannen, seinen Interessen nachzugehen und zu genießen, sich mit Freunden zu treffen oder etwas alleine zu unternehmen
Ich tue, was erforderlich ist.	Gewohnheiten haben, die einem bei der Durchführung notwendiger Aufgaben helfen
Ich habe einen Tagesablauf, der mir zusagt.	Zufrieden sein, da man einen Tagesablauf hat, der einem erlaubt, das zu tun, was nötig ist oder was man tun möchte
Ich erledige die Dinge, für die ich verantwortlich bin.	Die Erwartungen erfüllen, die mit einer bestimmten Rolle verbunden sind (z. B. Student, Arbeitnehmer, Eltern …)
Ich bin eingebunden, z. B. als Student, Arbeitnehmer, arbeite ehrenamtlich und/oder als Familienmitglied.	Sich mit bestimmten Rollen identifizieren und diese ausüben; Rollen innezuhaben, die es einem ermöglichen, seine Zeit mit sinnvollen Tätigkeiten zu verbringen

Volition-Item	Erläuterungen
Ich führe Tätigkeiten aus, die ich mag.	Freude und Befriedigung in Betätigung finden (z. B. einem oder mehreren Hobbys nachgehen, sich mit Freunden treffen, Sport treiben)
Ich arbeite auf meine Ziele hin.	Seine Kraft und Ausdauer so einsetzen, dass man die Dinge, die man erreichen möchte, plant und schafft
Ich treffe Entscheidungen nach dem, was ich für wichtig halte.	Die Freiheit und das Selbstvertrauen haben, das zu tun, an was man glaubt
Ich erreiche, was ich mir vorgenommen habe.	Realistische Ziele haben und in der Lage sein, diese zu erreichen
Ich nutze meine Fähigkeiten effektiv.	Die Dinge tun, die nötig sind, um das zu erlangen, was man sich vorgenommen hat

Beim Ausfüllen des OSA liest und durchdenkt der Klient jede Aussage und beantwortet dann zwei Fragen dazu:

- Ist das etwas, das in meinem Leben sehr gut läuft oder schwer fällt? **(Schritt 1)**
- Wie wichtig ist das für mich? **(Schritt 2)**

Diese beiden Fragen werden durch Markieren der entsprechenden Spalte (unter Schritt 1 und Schritt 2) auf den Bögen beantwortet.

	Kompetenz (Schritt 1)				Wichtigkeit (Schritt 2)				Schritt 3
	Das fällt mir sehr schwer	Das fällt mir schwer	Das kann ich gut	Das kann ich sehr gut	Das ist nicht so wichtig für mich	Das ist wichtig für mich	Das ist wichtiger für mich	Das ist mir sehr wichtig	Ich würde gerne ändern:
Ich kann mich auf meine Aufgaben konzentrieren.	(sehr schwer)	schwer	gut	sehr gut	nicht so wichtig	wichtig	wichtiger	(sehr wichtig)	

Abbildung 3-1: Antwortbeispiel eines Klienten

Abbildung 3-1 zeigt das Beispiel eines Klienten, der die Aussage „Ich kann mich auf meine Aufgaben konzentrieren" mit „das fällt mir schwer" bewertet und sagt, dass dies eine Aussage ist, die er als „sehr wichtig" empfindet.

Schritt 1 und 2 können auf folgende Art durchgeführt werden:
- Schritt 1 und 2 für jedes Item gleich nacheinander beantworten, oder
- erst Schritt 1 für alle Items anwenden und danach zu Schritt 2 übergehen.

Nachdem der Klient die Fragen zu seiner Kompetenz **(Schritt 1)** und zur Wichtigkeit **(Schritt 2)** beantwortet hat, geht er zu **Schritt 3** über. In Schritt 3 wählt er bis zu vier Bereiche aus, die er gerne ändern möchte. Hierzu wählt der Klient Bereiche über sich selbst, die er zu verändern wünscht. Im Bereich „Meine Umwelt" kann er bis zu zwei Bereiche angeben. Die Klienten sind dazu angehalten, den zu verändernden Bereich, der am wichtigsten für sie ist, auf dem Formblatt unter „ich würde gerne ändern" in der Spalte der betreffenden Aussage mit „1" anzugeben, den nächstwichtigen Bereich mit „2" usw. bis zu höchstens „4".

In der letzten Spalte „Raum für Bemerkungen oder Ideen zu den Aussagen" auf der rechten Seite können die Klienten ihre Anmerkungen jeglicher Art eintragen.

Nachdem der Klient diese drei Schritte durchgeführt hat, legen Therapeut und Klient anhand dieser und anderer Informationen, die dem Therapeuten zur Verfügung stehen, gemeinsam die Therapieziele fest und der Behandlungsplan wird entworfen. Das OSA kann zu einem späteren Zeitpunkt (z. B. Entlassung oder Follow-up) erneut angewandt werden, um herauszufinden, ob die Behandlung erfolgreich war. Der OSA-Follow-up-Bogen (Anhang E) ist – bis auf den fehlenden Schritt 3 – identisch mit den OSA-Bögen „Ich über mich" (Anhang C).

Zugrunde liegende Überlegungen für das Format der OSA-Fragebögen

Die folgende Frage kann zu Recht gestellt werden: Wieso beginnt das OSA als klientenzentriert ausgelegtes Assessment mit einer Serie von festgelegten Items, anstatt den Klienten entscheiden zu lassen, welche Anliegen und Wünsche aus seiner Perspektive heraus Vorrang für die Behandlung haben. Elizabeth Townsend stellte diese Frage als Teil ihrer sehr hilfreichen Mitarbeit bei der Entwicklung des OSA. Sie merkte an, dass das Canadian Occupational Performance Measure (Law, Baptiste, Carswell, McColl, Polatajko & Pollock, 1994) dadurch klientenzentriert sein möchte, indem es Klienten erlaubt, Bereiche, die ihnen am Herzen liegen, selbst festzulegen, anstatt eine Reihe von festgelegten Aussagen vorzulegen. Die Bedenken, die Dr. Townsend angesichts eines festgelegten Formates äußert, beziehen sich auf die Befürchtung, dass es den Klienten daran hindert, seine eigenen Gedanken und Fragen zu entwickeln.

Dieser Frage wurde bei der Entwicklung des OSA ernsthaft nachgegangen. Im Folgenden sind die Gründe aufgezeigt, die letztendlich zu dem vorliegenden Format des OSA geführt haben:

- Das OSA beschreibt eine Reihe von Bedenken, auf die Ergotherapeuten vorbereitet sind zu antworten. Klienten können weitere Themen haben, die ihnen am Herzen liegen und die im OSA keine Beachtung finden und solche, die außerhalb der professionellen Kompetenz des Ergotherapeuten liegen. Indem der Therapeut Klienten ein Set von Items vorlegt, zeigt er, für welche Problembereiche er in der Therapie verantwortlich ist. Auf diese Weise dient das OSA als wichtiges Mittel, um Klienten zu vermitteln, was Ergotherapie ist und welche Problembereiche in der Ergotherapie behandelt werden. Es ist wichtig anzumerken, dass das OSA den tätigkeitszentrierten Ansatz des Berufsbildes vertritt.

- Auch wenn es das Ziel der Therapie ist, klientenzentriert zu sein, kann man nicht davon ausgehen, dass alle Klienten ihre Probleme und Stärken deutlich sehen. Viele Klienten empfinden es als schwierig, speziell in ihrer besonderen Situation, die verschiedenen Aspekte ihres Lebens herauszuarbeiten und zu bewerten. Das OSA bietet eine Struktur, die Klienten helfen kann, systematischer über ihr Leben nachzudenken. Folglich hilft das OSA Klienten so eher bei der Untersuchung ihrer Geschichte, als das es sie behindert. So betrachtet kann das OSA als kraftvolles Werkzeug im klientenzentrierten Prozess dienen.

- Ein Ziel des OSA ist es, ein Messinstrument für Tätigkeitskompetenz und deren Wichtigkeit zu sein. Ein „wahres" Messinstrument kann nur eines sein, das aus einem feststehenden Set aus Items besteht. Es ist möglich, die kalibrierten Ergebnisse unterschiedlicher Klienten miteinander zu vergleichen und sie zur Auswertung therapeutischer Maßnahmen und für wissenschaftliche Zwecke zu verwenden.

- Das OSA ist ein Befunderhebungsinstrument, das auf einer Theorie basiert, dem Modell der menschlichen Betätigung (MOHO). Dieses Modell versucht ein ganzheitliches Verständnis von Betätigung zu vermitteln, indem es verschiedene Faktoren einbezieht, die in Beziehung zueinander stehen, wie z. B. Motivation, Lebensstil, Performanzkapazität und Umwelteinfluss. Indem das OSA dieses ganzheitliche Modell wiedergibt, ist es ein umfassendes Assessment, das in den meisten Fällen die Bedenken von Klienten bezüglich ihrer Möglichkeiten, Betätigungen durchzuführen, erfasst.

- Mit dem OSA sollen nicht nur die für die Therapie relevanten Problembereiche angesprochen werden, sondern Klienten sollen auch in den

Bereichen, in denen sie über Stärken verfügen, bestätigt werden. In der Regel wird Therapie dann benötigt, wenn Probleme bei der Handlungsdurchführung zu erwarten oder vorhanden sind. In diesem Kontext neigt man eher dazu, auf die Bereiche zu achten, in denen Defizite zu finden sind. Das OSA bietet Klienten in strukturierter Form Gelegenheit, sich weite Bereiche ihres Lebens anzuschauen und ihre Stärken und Schwächen zu erkennen. Erfahrungen mit dem OSA legen nahe, dass viele, wenn nicht die meisten Klienten die Beantwortung des OSA als bejahenden Prozess erleben, in welchem sie konkret bestimmen, was gut oder auch sehr gut in ihrem Leben läuft. Wenn man diese positiven Aspekte gemeinsam mit den Bereichen, in denen es Probleme gibt, betrachtet, kann eine ausgewogene und nicht so problembezogene Sichtweise des eigenen Lebens entstehen. Das Ausfüllen des OSA kann Klienten Hoffnung geben, dass bestehende Probleme gelöst werden können.

- Die Struktur des OSA erlaubt es dem Therapeuten und Klienten, innerhalb eines theoretischen Rahmens, Bereiche, die vorrangig behandelt werden sollen, zu bestimmen, Therapieziele und Strategien festzulegen. Durch seine Struktur kann das OSA dazu beitragen, dass Klient und Therapeut in ihrer das Leben des Klienten betreffenden Sichtweise übereinstimmen, es fördert somit eine gute Klienten-Therapeuten-Beziehung.

Alle oben aufgeführten Begründungen für das OSA-Format erklären, wie seine Anwendung gedacht ist. Trotzdem kann kein Assessmentformat (strukturiert oder unstrukturiert) hundertprozentig vorgeben, wie es benutzt wird. Es sind eher die Ideologie und Handhabe des Therapeuten, die das Ergebnis eines Assessments beeinflussen. Wenn ein Therapeut sich auf die klientenzentrierte Methode versteht und das OSA in diesem Sinne den Klienten vermittelt, dann kann es als echtes klientenzentriertes Assessment benutzt werden.

Klientenzentrierte Praxis beruht immer auf einem Einverständnis zwischen dem Klienten und Therapeuten (OT Guidelines for Client-Centered Practice, 1991). Klienten müssen für diesen Prozess bereit sein, ernsthaft über ihr Leben nachzudenken und den Wunsch nach Veränderung verspüren. Therapeuten bringen in diesen Prozess ihre professionelle Identität und Kompetenz (Kielhofner, 2004) ein. Aus diesem Einverständnis heraus werden die Sorgen und Prioritäten der Klienten, auf die sich Therapeuten bei der Behandlung beziehen, erkenntlich gemacht. In diesem Prozess müssen die Therapeuten sich und ihre professionelle Sichtweise beratend, unterstützend, manchmal konfrontierend und auf jeden Fall immer kooperierend einbringen. Klientenzentrierte Praxis bedeutet nicht, dass alles, auf das sich in der Therapie konzentriert wird, aus den anfänglichen Sorgen und Wünschen der Klienten entwickelt wurde. Die Wünsche der Klienten müssen mit Fachwissen erwogen und durchdacht werden. Nur wenn diese Faktoren in einen ehrlichen und respektvollen Zusammenarbeitsprozess einfließen, kann im besten Sinne der Klienten gehandelt werden.

Was misst das OSA

Das OSA erfragt Daten zur Betätigungskompetenz und zur Wichtigkeit (dies als eine Komponente der Betätigungsidentität). Das OSA vermittelt so auch einen Eindruck, wie zufrieden der Klient mit seiner Betätigungskompetenz ist. Im OSA sind Aussagen zum „Selbst" aufgelistet. In Schritt 1 bewertet der Klient jede Aussage danach, ob sie ihm sehr schwer oder schwer fällt, er sie gut oder sehr gut durchführen kann. Diese Selbsteinschätzung zeigt das Verständnis von der eigenen *Betätigungskompetenz*. In Schritt 2 bewertet der Klient jede Aussage nach ihrer Wichtigkeit für ihn. Das, was der Klient wertschätzt, ist eine Komponente der *Betätigungsidentität*.

Tabelle 3-3: Die MOHO-Konzepte und ihre Umsetzung im OSA

Konzept	Definition	Durchführung
Betätigungskompetenz	Die Aufrechterhaltung eines produktiven und befriedigenden Betätigungsverhaltens	Schritt 1: Bewertung der OSA-Items
Betätigungsidentität/Werte (Wichtigkeit)	Glaube und Überzeugungen, was als wichtig im Leben angesehen wird	Schritt 2: Bewertung der OSA-Items
Befriedigung	Übereinstimmung von Werten und Kompetenz	Übereinstimmungen von Schritt 1 und 2 Bewertungen jedes OSA-Items

Der Abstand zwischen den Markierungen zur Wichtigkeit und zur Kompetenz kann als *Zufriedenheit* betrachtet werden. Je geringer der Abstand ist, desto größer die Zufriedenheit, und je größer der Abstand ist, desto geringer ist die Zufriedenheit. Tabelle 3-3 zeigt die MOHO-Konzepte, ihre Definitionen und ihre Umsetzung im OSA.

Nutzung der mit dem OSA erhaltenen Antworten

Im Laufe der Zusammenarbeit möchten sich Therapeut und Klient möglicherweise eine Zusammenfassung der Antworten anschauen, um ein tieferes Verständnis der Betätigungskompetenz und der Werte des Klienten zu erhalten.

	Kompetenz (Schritt 1)				Wichtigkeit (Schritt 2)			
	Das fällt mir sehr schwer	Das fällt mir schwer	Das kann ich gut	Das kann ich sehr gut	Das ist nicht so wichtig für mich	Das ist wichtig für mich	Das ist wichtiger für mich	Das ist mir sehr wichtig
Ich kann mich auf meine Aufgaben konzentrieren.	(sehr schwer)	schwer	gut	sehr gut	nicht so wichtig	wichtig	(wichtiger)	sehr wichtig
Ich bin körperlich in der Lage zu tun, was nötig ist.	sehr schwer	(schwer)	gut	sehr gut	nicht so wichtig	(wichtig)	wichtiger	sehr wichtig

Abbildung 3-2: Nutzung der OSA-Antworten

In Abbildung 3-2 wurde z.B. im Bereich Kompetenz die Beurteilung *„Das fällt mir sehr schwer"* bei *„Ich kann mich auf meine Aufgaben konzentrieren"* und *„Das fällt mir schwer"* bei *„Ich bin körperlich in der Lage zu tun, was nötig ist"* angegeben.
Die Wichtigkeit im Bereich Werte ist mit *„Das ist wichtiger für mich"* bei *„Ich kann mich auf meine Aufgaben konzentrieren"* und mit *„Das ist wichtig für mich"* bei *„Ich bin körperlich in der Lage zu tun, was nötig ist"* angegeben.

Im Sinne der Zusammenarbeit und für die Festlegung der Therapieziele kann es für den Therapeuten und/oder Klienten hilfreich sein, sich diese Ergebnisse für alle Items anzuschauen. Eine visuelle Verdeutlichung der bewerteten Aussagen kann zu einer vertiefenden Diskussion über die Zufriedenheit des Klienten mit den einzelnen Items führen. Während dieser Phase werden sich Klient und Therapeut möglicherweise dafür entscheiden, die Items dazu zu nutzen, Therapieziele zu entwickeln.

Therapeut und Klient sollten sich zuerst die Kompetenz-Items anschauen und diejenigen heraussuchen, die mit „Das fällt mir sehr schwer" bewertet wurden. In unserem Beispiel ist „Ich kann mich auf meine Aufgaben konzentrieren" so bewertet worden. Danach sollten alle Items herausgesucht werden, die mit „sehr wichtig" bewertet wurden. In obigem Beispiel wurde „Ich kann mich auf meine Aufgaben konzentrieren" damit bewertet. Die „Lücke" zwischen Kompetenz und Wert repräsentiert eher Unzufriedenheit und kann somit für ein Therapieziel in Erwägung gezogen werden.

Bestimmung der zu verändernden Bereiche

Es kann für die Entwicklung von Therapiezielen hilfreich sein, sich den Unterschied, der zwischen Wertschätzung eines Items und der Wahrnehmung bzgl. der Kompetenz in diesem Punkt besteht, anzuschauen. Durch Betrachtung der Unterschiede in den Antworten können Therapeut und Klient ein Gefühl für den Grad der Zufriedenheit oder Unzufriedenheit mit jedem Item entwickeln. In obigem Beispiel ist eine deutliche Lücke zwischen der Wertschätzung und der Durchführung des Items „Ich kann mich auf meine Aufgaben konzentrieren". Diese Lücke sollte mit dem Klienten zwecks Abklärung seiner Probleme im Bereich Konzentration besprochen werden.
Letztendlich sollten sich Therapeut und Klient darauf verständigen, ob dieser Bereich in der Therapie angesprochen wird oder nicht.

Das OSA als Follow-up

Der Ergebnisbogen erlaubt es Therapeuten und Klienten, die Selbsteinschätzungen für die Bereiche Kompetenz und Wichtigkeit vor der Behandlung und im Follow-up während und nach der Behandlung anzuschauen. Unterschiede können Veränderungen in der Betätigungskompetenz und/oder der Wichtigkeit anzeigen. Es empfiehlt sich, dass der Therapeut auch die Bereiche ansieht, in denen eine Veränderung angestrebt wurde, um festzustellen, ob sich die Bewertung hier verändert hat. Der wichtigste zu untersuchende Faktor ist der, ob sich die Bewertung in Schritt 1 verändert hat, z. B. ob sich im Bereich der Kompetenz etwas im Sinne des Klienten verbessert hat.

Planung und Ausführung der ergotherapeutischen Behandlung

Behandlungen, die auf MOHO basieren, fördern die Zusammenarbeit zwischen Klienten und Therapeuten. Aus diesem Grund sind Therapeuten und Klienten aufgefordert, den Behandlungsbogen zur Planung und Ausführung der Therapie zu verwenden. Mehr Informationen sind in Kapitel 4 und in Anhang D zu finden.

Literatur

Kielhofner, G. (2004). Conceptual Foundations of Occupational Therapy, (3rd Ed.). Philadelphia: FA Davis.

Law, M., Baptiste, S., Carswell, A., McColl, M.A., Polatajko, H. & Pollock, N. (1994). Canadian Occupational Performance Measure, (2nd ed.). Toronto, Canada: CAOT Publications ACE.

Occupational Therapy Guidelines for Client-Centered Practice (1991). Ontario, Canada: Canadian Association of Occupational Therapists.

Kapitel 4

Anwendung des OSA

Vorbereitung zur Anwendung des OSA

Wie in dem vorangegangenen Kapitel erwähnt, erfordert die Anwendung des OSA gute Clinical Reasoning-Fähigkeiten: Der Therapeut muss u. a. entscheiden, ob und wann das OSA angewandt wird, die Daten aus dem OSA und anderen Quellen interpretieren, mit dem Klienten effektiv kommunizieren und beraten. Dieser Prozess therapeutischer Entscheidungsfindung erfordert aus Erfahrung gewachsene Clinical Reasoning-Fähigkeiten und ein fundiertes Verständnis der dem OSA zugrunde liegenden Konzepte. Dieses Handbuch kann natürlich nicht alle Informationen, die zur effektiven Anwendung des OSA nötig sind, enthalten und vermitteln.

Mit diesem Kapitel sollen Strukturen angeregt werden, über den effektiven Gebrauch des OSA in der Praxis nachzudenken. Es soll hilfreiche Anregungen und Richtlinien für die Arbeit mit dem OSA geben. Bevor Therapeuten das OSA nutzen, sollten sie sich folgende Fragen stellen:

- Bin ich mit den Ideen und Konzepten des Modells der menschlichen Betätigung vertraut?
- Bin ich mit den Ideen und Konzepten der klientenzentrierten Methode vertraut?

Wenn man obige Fragen nicht bejahen kann, dann sollte man sich die Zeit nehmen und in der entsprechenden Literatur nachlesen, um es besser zu verstehen. Therapeuten sind dazu ermutigt, in den in den Literaturlisten angegebenen Quellen nachzuschlagen.

Es ist für die Anwendung des OSA nicht unbedingt notwendig, Literatur zum MOHO und zur klientenzentrierten Praxis zu lesen. Das OSA kann auch als eine Möglichkeit gesehen werden, mehr über die zugrunde liegenden Perspektiven zu lernen. In diesem Fall wird mit zunehmendem Wissen auch das Verständnis für die Perspektiven wachsen und der Gebrauch des OSA wird effektiver.

Schritte zur Anwendung des OSA

Auch wenn das OSA so gestaltet ist, dass es leicht ausgefüllt werden kann, zeigt die Erfahrung, dass sich während der Anwendung eine Reihe von Fragen und Bedenken ergeben können. Dieses Kapitel wird viele dieser Fragen und Bedenken ansprechen und somit den Therapeuten darauf vorbereiten, sie zu beantworten und die Handhabung zu planen. Folglich sollte dieses Kapitel vor der ersten Anwendung des OSA sorgfältig durchgearbeitet und zurate gezogen werden, wenn sich bei der Anwendung Fragen ergeben.

Das Kapitel gliedert die Anwendung des OSA in eine Abfolge von Schritten. Wichtig ist, dass Therapeuten diese Schritte bei der Anwendung des OSA beachten und einhalten. Die Schritte müssen nicht in der angegebenen Reihenfolge durchgeführt werden. Während des Lernprozesses ist es besonders bei den ersten Anwendungen des OSA hilfreich, die Schritte als eine Checkliste zu benutzen. So kann man sicher sein, alles bedacht zu haben, was für den optimalen Gebrauch des OSA empfohlen ist.

Es sollte auch beachtet werden, dass die hier diskutierten Schritte einige komplexe und subtile Bereiche des Clinical Reasoning und der Klienten-Therapeuten-Interaktion beinhalten. Aus diesem Grund sind Therapeuten dazu ermuntert, sie sorgfältig und reflektiert zu betrachten.

Es folgen die Basisschritte zur Anwendung des OSA:

- Sich mit der Krankengeschichte vertraut machen.
- Entscheiden, ob das OSA für diesen Klienten geeignet ist.
- Ein angemessenes Setting für die Anwendung des OSA schaffen.
- Klienten mit Sinn, Struktur und Fragen des OSA vertraut machen.
- Den Klienten die OSA-Fragebögen ausfüllen lassen und sicherstellen, dass er es selbst tut.
- Besprechung des ausgefüllten OSA mit dem Klienten.
- Therapieziele und Behandlungsstrategien zusammen mit dem Klienten identifizieren.
- Ausfüllen der Planungs- und Durchführungsbögen mit Klienten.
- Ausfüllen der OSA-Bewertungsschlüsselbögen.
- Zur Verdeutlichung des Behandlungsfortschritts Ausfüllen des Follow-up-Bogens durch Klienten.

Jeder dieser Schritte wird im Folgenden beschrieben. Eine Übersicht ist zur angenehmeren Handhabung bei der Anwendung in Anhang A zu finden.

Sich mit der Krankengeschichte vertraut machen

Vor der Anwendung des OSA sollte der Therapeut alle zu Verfügung stehenden Informationen über den Klienten einsehen (z. B. Diagnose oder Behinderung, Grund des Klinikaufenthaltes, vorhergegangene psychiatrische/medizinische Krankengeschichte, Medikation, häusliches Umfeld, Arbeitsanamnese und Beschäftigungsstatus, kognitive und sprachliche Fähigkeiten). Diese Informationen sind für die Entscheidungsfindung, das OSA anzuwenden, hilfreich.

Um sich ein Bild über die funktionellen Fähigkeiten des Klienten zu machen, können andere Beurteilungsbögen/Assessments (z. B. Functional Independence Measure [FIM] oder das Assessment of Motor and Process Skills [AMPS]) vor oder nach der Anwendung des OSA durchgeführt werden. Durch den Vergleich der aus dem OSA gewonnenen Informationen mit anderen Daten und Befunderhebungsinstrumenten können Therapeuten die Wahrnehmung der Klienten bzgl. ihrer Fähigkeiten mit diesen abgleichen. Es gibt verschiedene Vorteile, erst das OSA oder erst andere Befunderhebungsinstrumente anzuwenden. Der Vorteil, andere Assessments zuerst anzuwenden, liegt darin, dass Therapeuten die gewonnenen Informationen in Besprechung des OSA, Zielformulierung und Behandlungsplanung mit den Klienten einbeziehen können. Der Vorteil, das OSA zuerst anzuwenden, ist, dass es die Wahrnehmung der Klienten und ihrer Wünsche für die Behandlung anzeigen kann.

Entscheiden, ob das OSA für diesen Klienten geeignet ist

Die Überlegung, ob das OSA für einen Klienten geeignet ist, beinhaltet die Fragen, ob das OSA generell das richtige Instrument ist und ob es der richtige Zeitpunkt für die Anwendung ist. Da das OSA so gestaltet ist, dass es Teil eines klientenzentrierten Prozesses ist, müssen Therapeuten die Bereitschaft und Fähigkeit der Klienten für diesen Prozess voraussetzen können.

Es ist wichtig, anzumerken, dass das OSA bei bestimmten Diagnosen nicht geeignet ist. Es ist so aufgebaut, dass es bei einem Großteil der Klientel, die ergotherapeutische Behandlung erfährt, angewendet werden kann. In diesem Kapitel sind Richtlinien für die Auswahl der Klienten aufgezeigt.

Klienten mit folgenden Fähigkeiten können von der Anwendung des OSA profitieren:

- Gute Fähigkeiten und Fertigkeiten in allen funktionellen Bereichen
- Krankheitseinsicht
- Adäquate kognitive Fähigkeiten für Reflexion und Planung
- Fähigkeit zu realistischer Selbsteinschätzung
- Fähigkeit, das OSA selbst zu lesen (es sei denn das OSA wird verbal angewandt)

- Wille an Benennung und Erreichung von Therapiezielen mitzuarbeiten

Das OSA ist im Allgemeinen nicht für Klienten geeignet, die:

- große Schwierigkeiten haben, etwas durchzuhalten
- schwere kognitive Defizite aufweisen
- Schwierigkeiten beim Lesen und Verstehen von geschriebenem Text haben (es sei denn, das OSA wird verbal angewandt)
- keine Krankheitseinsicht haben
- von Krankheit oder Klinikaufenthalt überwältigt sind

Es ist wichtig, dass der Therapeut die Anwendung des OSA *individuell* und nicht diagnosespezifisch entscheidet. Ein Patient mit der Diagnose Schizophrenie, der zurzeit keine Symptome zeigt, wird in der Lage sein, das OSA zu beantworten, wohingegen der gleiche Patient in der akuten Phase dazu nicht in der Lage ist. Auch wenn die Beantwortung des OSA bestimmte kognitive Fähigkeiten voraussetzt, haben es auch schon Klienten mit einer geistigen Behinderung erfolgreich ausgefüllt.

Launiainen (1998) stellte fest (in einer Studie mit dem SAOF), dass sich ein Selbsteinschätzungsbogen nicht für unkooperative oder sehr unmotivierte Klienten eignet. Wenn eine unkooperative Haltung aber daher kommt, dass der Klient sich nicht gehört oder ohne Einfluss auf seine Behandlung fühlt, dann kann die Anwendung des OSA für die Entwicklung von Vertrauen und eigener Einflussnahme hilfreich sein. Es ist wichtig, in Erwägung zu ziehen, dass ein unmotivierter oder unkooperativer Klient von seiner Krankheit/Behinderung und/oder ihren Umständen überwältigt ist. Manchmal kooperieren Klienten nicht, weil sie die Therapie als nicht relevant für sich empfinden. Therapeuten sollten den von Helfrich und Kielhofner (1994) geprägten Leitsatz – „Clients should not be asked to ‚come into' therapy. Rather, therapy should come into the life of the client" – beherzigen. Das OSA kann als Mittel dienen, damit sich Therapie an den Bedürfnissen von Klienten orientiert. Es kann Klienten vermitteln, dass der Sinn der Therapie darin liegt, herauszufinden, was man erreichen möchte und wie diese Ziele erlangt werden können.

Manche Klienten sind aufgrund ihres momentanen emotionalen Zustandes nicht in der Lage, das OSA auszuführen. Es sind z. B. Klienten mit schwerer Depression oder Manie, die zurzeit nicht über ausreichende Konzentrationsfähigkeit verfügen. Andere hingegen sind mit ihrem neuen Zustand noch nicht genügend vertraut, um das OSA auszufüllen. Klienten, die gerade einen Schlaganfall erlitten oder sich eine Wirbelsäulenverletzung zugezogen haben, können sich, da sie noch nicht begonnen haben, ihre alltäglichen Aufgaben durchzuführen, nicht vorstellen, was möglich ist bzw. sein wird.

Auch wenn das OSA für o. g. Klienten momentan nicht geeignet erscheint, kann es sich zu einem späteren Zeitpunkt als adäquat erweisen. Therapeuten sollten das OSA in diesen Fällen nicht wie vorgesehen bei der Eingangsuntersuchung anwenden, sondern mit der Anwendung warten, bis die Klienten psychisch dazu besser in der Lage sind. Ebenso sollten Klienten bereit sein, sich am gemeinsamen Prozess der Prioritätensetzung und Zielformulierung aktiv zu beteiligen.

Vor der eigentlichen Anwendung des OSA sollten Therapeuten beachten, was Klienten gerade getan haben und wie sie wirken. Erscheinen sie zu müde, nicht in der Stimmung, oder aus anderen Gründen nicht in der Lage, das OSA zu beantworten, dann sollte es zu diesem Zeitpunkt nicht durchgeführt werden. Wichtig für eine erfolgreiche Durchführung ist, dass Klienten in der Lage und Stimmung sind, über sich und ihren Lebensstil zu reflektieren.

Wenn man sich nicht ganz sicher ist, ob Klienten in der Lage sind, das OSA zu beantworten, dann kann man sie beginnen lassen und beobachten. Wird Hilfe benötigt, kann diese gegeben werden. Klienten müssen z. B. nicht zwingend alle Items in einer Sitzung bewerten. Wenn es offensichtlich ist, dass Klienten das OSA nicht ausfüllen können, ist es möglich, die Sitzung zu beenden. In diesem Fall sollte dem Klienten versichert werden, dass dies die Therapie nicht negativ beeinflussen wird und dass das OSA zu einem späteren Zeitpunkt erneut angewendet werden kann. Auch kann ein kurzes Gespräch an dieser Stelle helfen, die Ansichten des Klienten zu hören.

Anzumerken ist, dass die meisten Klienten es relativ einfach finden, das OSA zu beantworten, und positiv darauf reagieren. Dalleen Last, eine Ergotherapeutin aus Großbritannien, berichtet Folgendes von der Anwendung des OSA:
„Alle Klienten empfanden das Ausfüllen des Assessments als hilfreich, und es scheint, dass ihr Selbstwertgefühl beim Ausfüllen gewachsen ist. Ich konnte ihr Selbstvertrauen von Schritt zu Schritt wachsen sehen. Sie scheinen es ermüdend zu finden, sind aber bei Beendigung sehr stolz."

Eine andere Klientin benutzte das OSA in einer Verlaufsbesprechung. Interessanterweise hatte sie in einem Gespräch mit ihrem behandelnden Therapeuten und ihrem Vorgesetzten unterschiedliche, nicht miteinander vereinbare Bedürfnisse genannt. Nachdem sie das OSA vorgezeigt hatte, wurde der Unterschied zwischen dem, was sie tun möchte, und dem, was sie sich momentan zutraut, deutlich. Was sich zunächst als nicht miteinander vereinbare Bedürfnisse darstellte, zeigte sich als mögliche Änderung im Lebensstil im OSA.

Mit wachsender Sicherheit in der Anwendung des OSA wird es zunehmend leichter, zu entscheiden, ob die Anwendung des OSA indiziert ist und in welcher Weise es Klienten beeinflusst und ihnen nützt.

Ein angemessenes Setting für die Anwendung des OSA schaffen

Um ein angemessenes Setting zu schaffen, sind vor allem zwei Dinge zu beachten: a) es ist eine optimale Umgebung zu schaffen, damit Klienten sich sicher fühlen und motiviert sind das OSA auszufüllen, und b) es sind mögliche Einflüsse des sozialen Rahmens, in welchem die Therapie stattfindet, zu bedenken.

Unmittelbarer Kontext
Als Erstes muss die physische und soziale Umwelt reflektierendes Denken und den Prozess, Entscheidungen zu fällen, fördern. Weiterhin ist es wichtig, Klienten ausreichend Zeit zur Beantwortung des OSA zu geben. Die meisten Klienten werden dafür 10 bis 20 Minuten benötigen. Die Dauer für die Besprechung der Bewertungsbögen ist individuell verschieden, man benötigt in der Regel mindestens 15 Minuten.

Normalerweise sollte Klienten ein ruhiger, ungestörter Platz für die Beantwortung des OSA zur Verfügung gestellt werden. In manchen Fällen kann es angebracht sein, Klienten das OSA mitzugeben und einen Zeitraum festzulegen, innerhalb dessen es zu beantworten und abzugeben ist. Der Vorteil dieser Variante ist, dass Klienten mehr Freiheit und Möglichkeiten haben ihre Antworten zu reflektieren. Auf der anderen Seite ist es für manche Klienten besser, das OSA innerhalb eines bestimmten Rahmens und einer festgelegten Zeit, zu der der Therapeut für mögliche Fragen erreichbar ist, zu beantworten.

Therapeuten können es Klienten überlassen, ob sie das OSA alleine oder im Beisein des Therapeuten ausfüllen möchten. In manchen Fällen kann es ratsam sein, dass Therapeuten aufgrund ihrer Beobachtungen und Informationen entscheiden. Ein Beispiel: In der ambulanten Behandlung von Verletzungen der oberen Extremitäten kann der Therapeut entscheiden, die Anwendung des OSA als Hausaufgabe zu geben. In diesem Fall kann er dem Klienten empfehlen, das OSA durchzulesen und sich in den folgenden zwei Tagen, während er seine täglichen Verrichtungen ausführt, zu beobachten und das OSA dann zu beantworten. Diese Methode erlaubt es Klienten, sich selbst zu beobachten und zu reflektieren.

In anderen Fällen kann es ratsam sein, bei der Beantwortung des OSA verfügbar zu sein, denn die Beantwortung des OSA kann bei Klienten Fragen und Emotionen hervorrufen. Ein Beispiel: Bei der Anwendung des OSA in einer psychiatrischen Klinik kann es hilfreich sein, wenn der Therapeut anwesend ist. Die Beantwortung des OSA kann leicht Trauer, Angst, Stolz, Hoffnung und andere Gefühle auslösen. Dies kann therapeutische Betreuung nötig und wünschenswert machen. In diesem Fall kann es besser sein, das OSA generell in Anwesenheit eines Therapeuten auszufüllen und es gleich im Anschluss zu besprechen.

Es ist gut möglich, das OSA in einer Gruppe parallel anzuwenden, wenn jedem Teilnehmer die Möglichkeit gegeben wird, das OSA selbst auszufüllen und Privatsphäre zugestanden wird. Manchmal ist es für Klienten gut, ihre Ergebnisse in der Gruppe zu diskutieren, dennoch sollte der Therapeut diese Möglichkeit sehr vorsichtig einsetzen, da es für Klienten in solch einem Setting schwer sein kann, ihre Ergebnisse und Gefühle ehrlich vorzutragen. Man sollte auf jeden Fall beachten, dass niemand hervorgehoben wird und kein Zwang ausgeübt wird, persönliche Informationen preiszugeben. Für die Entwicklung und Festlegung des Behandlungsplanes ist Privatsphäre im Allgemeinen wichtig.

Ein weiterer wichtiger Aspekt ist die Art und Weise, wie der Therapeut das Assessment vorstellt. Im Folgenden werden einige spezifische Richtlinien, die den Sinn und die Vorgehensweise des OSA erläutern, aufgezeigt. Die Art und Weise, wie der Therapeut Klienten das OSA präsentiert, suggeriert ihnen, wie sie über das OSA denken und es anwenden sollen. Wenn ein Therapeut Klienten vermittelt, dass die Ergebnisse des OSA ernst genommen werden und einen wichtigen Einfluss auf die Therapie haben, dann ist es sehr wahrscheinlich, dass Klienten das OSA ebenfalls ernst nehmen und es sorgfältig beantworten.

Ein Therapeut sollte Klienten das OSA niemals nur aushändigen und ohne ausreichende Erklärung über seinen Sinn ausfüllen lassen. Ein Teil des Wertes, den das OSA für Klienten hat, ist, dass es das Gefühl vermittelt, dass ihre Ansichten ernst genommen werden und sie die Therapie mitbeeinflussen können. Der Therapeut kann diese Botschaft bei der Vorstellung des OSA vermitteln (oder auch nicht).

Der größere soziale Kontext
Die Einladung, das OSA auszufüllen, beinhaltet verschiedene Aspekte für Klienten:

- Klienten können mitbestimmen, was in ihrem Leben und für die Therapie wichtig ist.
- Es besteht die Möglichkeit, Veränderungen zu bewirken.
- Die Beziehung zwischen Therapeuten und Klienten wird kooperativ und gleichberechtigter, als es möglicherweise die Beziehungen zu anderen Mitarbeitern im Gesundheitswesen sind.

Die erfolgreiche Anwendung des OSA sollte mindestens diese Botschaften vermitteln. Bei der Vermittlung dieser Botschaften muss der Therapeut sehr auf Wahrheitsgehalt und Einfluss des größeren sozialen Kontextes achten. Wie Townsend (persönliche Kommunikation, 1997) anmerkt:

„Anwender des OSA sollten ihre offensichtlichen Beziehungen mit Klienten hinterfragen, wenn sie das OSA anwenden, und den Kontext, der der Anwendung zugrunde liegt, beachten – in einem Krankenhaus, in dem „Klienten" eigentlich Patienten sind, werden viele den liberalen Ansatz des OSA mögen, da es Patienten stärker direkt am Gesundheitssystem beteiligt. Trotz allem werden Ergotherapeut und Klient die sozial organisierten Zwänge nicht in ihrer Gänze wahrnehmen können, es sei denn, sie sind auf diesem Gebiet außergewöhnlich sensibel."

Im Folgenden ein praktisches Beispiel, das sich auf Townsends Ausführung bezieht: Wir stellen uns eine Rehabilitationsklinik vor, in der das Team die Behandlungsplanung ohne Patientenbeteiligung vornimmt. Vieles von dem, was im OSA angesprochen wird, kann im Kompetenzbereich anderer Mitglieder des Teams liegen. Wenn das Team nicht in der Lage ist, einen klientenzentrierten Ansatz zuzulassen, kann sich eine komplexe und schwierige Situation ergeben. Die Nutzung des OSA kann Klienten ermutigen, sich aktiv an der eigenen Behandlung zu beteiligen. Dies kann von anderen Teammitgliedern als unkooperativ oder nicht-compliant gedeutet werden. Hieraus können sich Spannungen in der Beziehung von Klienten zu anderen Mitgliedern des Teams ergeben. Es kann die Loyalität des Ergotherapeuten zu Team und Klienten belasten. Klienten könnten Hoffnung schöpfen, dass sie ihre Rehabilitation in einem Grad mitbestimmen können, der in der momentanen Situation nicht realisierbar ist.

Auch muss die Lebenssituation des Klienten in den größeren sozialen Kontext einbezogen werden. Das OSA kann Veränderungswünsche des Klienten herauskristallisieren und unterstützen, die im Kontrast zu den Wünschen und Erwartungen von Familienmitgliedern oder anderen für den Klienten wichtigen Personen stehen. Auch können diese Veränderungswünsche bestimmten Umständen in Wohnumfeld, Arbeit, Schule, Subkultur usw. entgegenstehen.

Die Intention des OSA und der klientenzentrierten Praxis ist die Einführung oder Verstärkung von Macht und Kontrolle über die eigenen Lebensumstände. Allerdings muss die persönliche Macht und Kontrolle innerhalb eines sozialen Kontextes erworben werden und ist niemals ohne Auswirkung auf diesen (sei es in einem therapeutischen, rehabilitativen Kontext oder im persönlichen Lebensumfeld).

Therapeuten müssen bei der Anwendung des OSA alle möglichen Kontexte, die aktuelle Beurteilungsfähigkeit des Klienten und seine Fähigkeit, Veränderungen in seinem Leben zu bewirken, vorsichtig bewerten. Darüber hinaus muss der Therapeut vorbereitet sein, mit aufkommenden Konflikten und Barrieren umzugehen. Es ist Klienten gegenüber unfair, die Wahrnehmung gegenüber Missständen im tätigen Leben (occupational life) zu schärfen und Möglichkeiten zu Veränderungen, persönlicher Kontrolle, Zusammenarbeit u. a. aufzuzeigen, ohne mögliche aufkommende Hindernisse zu bedenken und anzugehen.

Es gibt keinen fertigen Lösungsweg, wie Therapeuten mit dem größeren sozialen Kontext umgehen können. Eine reflektierte Wahrnehmung des Kontextes und sein möglicher Einfluss auf den klientenzentrierten Prozess, wie ihn das OSA beinhaltet, ist nötig.

Klienten mit Sinn, Struktur und Fragen des OSA vertraut machen

Es ist für den Therapeuten extrem wichtig, den Sinn des OSA deutlich zu machen. Im Folgenden werden wichtige Punkte für die Präsentation des OSA aufgeführt:

- Das OSA wird angewendet, da Therapeuten wissen möchten, wie Klienten ihre Lebenssituation einschätzen.
- Durch das OSA können Klienten ihre Stärken, Schwächen und Werte reflektieren und vermitteln.
- Das OSA bietet einen systematischen Weg, darüber nachzudenken und zu entscheiden, welche Dinge Klienten am meisten/dringlichsten verändern möchten.
- Die Ergebnisse des OSA werden ernst genommen und zur Bestimmung der Therapieziele und des Behandlungsplanes herangezogen. Das bedeutet, dass Klienten die Möglichkeit haben, ihre Behandlung mitzugestalten.
- Therapeuten setzen das OSA ein, wenn sie sich einem therapeutischen Ansatz verpflichtet fühlen, der die Zusammenarbeit mit Klienten und ihrem Empowerment fördert.

Nach dieser Einführung sollten Therapeuten Klienten kurz die einzelnen Schritte des OSA erläutern.

Zuerst werden die Klienten gebeten, die Erläuterungen für die ersten beiden Schritte zu lesen, oder die Therapeuten lesen sie den Klienten vor. Danach sollte der Therapeut sicherstellen, ob der Klient sie verstanden hat.
An dieser Stelle ist es hilfreich, klarzustellen, dass die Bewertung der einzelnen Items wie unten beschrieben erfolgen soll:

- Die *typische* oder *durchschnittliche* Durchführung mit Blick auf das Item (z. B.: manchmal sind bestimmte Dinge besser als andere, oder die Durchführung gelingt in manchen Situationen besser als in anderen).
- Der normale/tägliche Kontext, auf den das Item zutrifft (wenn z. B. ein Klient, der sich momentan in stationärer Behandlung befindet, aufgrund der Gegebenheiten im Krankenhaus nicht genug Schlaf bekommt, dann soll er das Item mit Hinblick auf seine gewohnte häusliche Umgebung beantworten. Lebt ein Klient in einer betreuten Einrichtung und bekommt nicht genug Schlaf, weil sein Zimmernachbar unruhig ist, dann sollte dieses Item mit Hinweis auf die spezielle „Umwelt" (betreute Einrichtung) bewertet werden, da die Einrichtung in diesem Fall der normale Kontext für den Klienten ist).
- Therapeuten sollten darauf hinweisen, dass Klienten ein Item, das nicht zutrifft, auslassen können, um mit dem nächsten weiterzumachen. Ist ein Klient z. B. ein Jugendlicher oder eine ältere Person, die nicht für andere verantwortlich ist, dann kann das entsprechende Item ausgelassen werden. Auf der anderen Seite werden die meisten Items irgendeine Relevanz für die Klienten haben. Ein Item, das beinhaltet, dass man sich

um den Ort, an dem man lebt, kümmert, mag für jemanden, der in einem Seniorenheim lebt, nicht zutreffen, da es Personal gibt, das putzt und aufräumt. Für einen Klienten, der seinen Nachttisch arrangiert oder die Blumen im Tagesraum gießt, kann dieses Item sehr wichtig sein. Am Ende ist es den Klienten überlassen, ob sie ein Item als relevant für ihr Leben bewerten. Klienten können motiviert werden, sorgfältig darüber nachzudenken, wie jedes Item in Beziehung zu ihrem Leben steht.

- Wenn sich Klienten nicht sicher sind, wie ein Item bewertet werden soll (ob es z. B. ein Problem darstellt oder nicht), dann sollen sie es trotzdem bewerten (das Feld nicht frei lassen). Therapeuten können die Schwierigkeiten in der Kommentarspalte notieren. Es ist gut, Klienten zu vermitteln, dass es nicht so sehr darauf ankommt, jedes Item akkurat zu beantworten, sondern darauf die persönlichen Gefühle zu dokumentieren.

Der Therapeut kann dem Klienten erklären, dass er entweder

- hintereinander *Schritt 1* (Bewertung der *Kompetenz*) und *Schritt 2* (Bewertung der *Wichtigkeit*) für jedes Item beantwortet, bevor er zur nächsten Aussage übergeht

oder

- zuerst *Schritt 1* für alle Items beantwortet und danach *Schritt 2* für alle Aussagen bearbeitet.

Es ist dem Klienten zu vermitteln, *Schritt 3* (Veränderungswünsche) erst zu beantworten, wenn er *Schritt 1* und *Schritt 2* komplett beantwortet hat. Wenn der Klient die zweiseitige Version von Teil 1 benutzt (siehe Anhang C, Ich über mich), müssen erst beide Seiten beantwortet sein, bevor er zu Schritt 3 übergeht.

Ist der Therapeut der Meinung, dass es den Klienten überfordern würde oder die Beantwortung des gesamten OSA zu anstrengend wäre, dann kann er dem Klienten eine der oben genannten Möglichkeiten vorschlagen, das OSA zu beantworten. Entsprechendes gilt auch, wenn der Therapeut dem Klienten beide Möglichkeiten aufzeigt und dann feststellt, dass der Klient Schwierigkeiten hat, sich zu entscheiden, dann kann er ihm einen Weg vorschlagen. Dieses steht nicht im Widerspruch dazu, dass das OSA ein Selbsteinschätzungsinstrument ist.

Zum Schluss hat der Klient die Möglichkeit, Kommentare zu den Items zu schreiben, um damit die Bewertung der Items zu erleichtern. Kommentare des Klienten könnten sein:

- Verdeutlichung, warum die Durchführung ein Problem oder eine Stärke ist, oder warum es wichtig ist.
- Erklärung, was speziell bei einem Item bedacht wurde.
- Als Erinnerung für einen selbst, was man bei der Beantwortung eines Items empfunden oder gedacht hat.
- Etwas, das der Klient ganz speziell mit dem Therapeuten besprechen möchte.
- Warum ein Klient unsicher oder ambivalent bei der Beantwortung eines Items war.

Anhang B bietet eine Übersicht der oben aufgeführten Richtlinien zur Anwendung des OSA.

Den Klienten die Fragebögen ausfüllen lassen und sicherstellen, dass er es selbst tut (Bewertung von Kompetenz und Wichtigkeit für jedes Item)

Das OSA ist so gestaltet, dass der Klient die Selbsteinschätzungsbögen allein ausfüllen kann. Selbst mit Unterstützung kann das OSA noch als „selbst angewendet" gelten. Dieser Abschnitt beschreibt, in welcher Form Unterstützung angemessen ist und wie Unterstützung die Validität der Anwendung beeinträchtigt.

Die Bedenken, ob das OSA tatsächlich selbst ausgefüllt wird, beziehen sich auf *Schritt 1 und 2* der Selbsteinschätzungsbögen (die Bewertung der Items nach Kompetenz und Wichtigkeit). Bei *Schritt 3* (Veränderungswünsche) kann, wie später besprochen wird, anders vorgegangen werden.

Handhabung von Schritt 1 und 2

Es ist erlaubt, einfache klärende Fragen dazu, wie die Bögen auszufüllen sind oder was die einzelnen Items bedeuten, zu beantworten. Fragen zu den Items sollte der Therapeut anhand der Information aus Anhang H beantworten. Der Therapeut kann die Definitionen zu den Items in eigene Worte kleiden, sollte aber keine weiteren Erläuterungen oder Beispiele aufführen, denn damit könnte er die Antwort des Klienten zu sehr beeinflussen.

Für Klienten, die Seh- oder motorische Probleme haben, können Anpassungen vorgenommen werden. Das OSA kann verbal angewandt werden oder das Markieren kann von einer Hilfsperson übernommen werden.

Eine wichtige Regel in der Selbsteinschätzung ist, dass der Klient nur auf die vorgegebenen Fragen antwortet (und nur wenn notwendig auf klärende Informationen bzgl. der Anwendung des Fragebogens), damit der Fragebogen mit seinen Aussagen nicht verfälscht wird.

Im Folgenden sind Beispiele für Hilfestellungen aufgelistet, die während der Anwendung des OSA gegeben werden dürfen:

- Ein Klient mit Tetraplegie liest die Antwortbögen und sagt einer Hilfsperson, wie die Bögen beantwortet werden sollen.
- Ein Klient mit einer Sehbehinderung, der die Bögen nicht selbst lesen kann, bekommt sie vorgelesen, und der ‚Vorleser' beantwortet die Bögen entsprechend den Anweisungen des Klienten.
- Ein Klient fragt nach Erklärungen für einige Items und der Therapeut gibt ihm die Informationen aus Anhang H, ohne diese weiter zu erläutern.
- Ein Klient deutet an, dass er bei einem Item nicht weiß, was er ankreuzen soll, da er für seine Arbeit und sein Privatleben zu unterschiedlichen Ergebnissen kommt. Der Therapeut antwortet hierauf, dass der Klient sein Leben als Ganzes sehen soll und seine Antwort entsprechend seiner durchschnittlichen Fähigkeiten wählen soll. Wenn es der Klient wünscht, kann er natürlich Kommentare zu dem Item notieren. Der Therapeut versichert dem Klienten, dass über das Item gesprochen werden kann, nachdem der Selbsteinschätzungsbogen ausgefüllt ist.

Im Folgenden sind Beispiele aufgelistet, die zeigen, wie Hilfestellung die Selbsteinschätzung ungültig machen kann:

- Ein Klient erläutert, wie er sich bezogen auf ein Item fühlt, und fragt den Therapeuten, ob das mit *„Das fällt mir schwer"* oder mit *„Das kann ich gut"* markiert werden soll. Der Therapeut deutet an, dass *„Das fällt mir schwer"* die richtige Antwort zu sein scheint.
- Ein Klient fragt, wie viele Items er unter *„Ich würde gerne ändern"* markieren soll, und der Therapeut antwortet, dass 4 bis 5 eine ganz gute Arbeitszahl sei.
- Der Klient ist sich unsicher, wie er ein bestimmtes Item bewerten soll, und fragt den Therapeuten nach seiner Meinung. Dieser antwortet, dass er nach seinen Beobachtungen dazu raten würde, dieses Item mit *„Das fällt mir sehr schwer"* zu bewerten.

Im Folgenden sind Beispiele aufgeführt, die erläutern, wie der Therapeut auf o. a. Fragen antworten kann, ohne die Selbsteinschätzung zu beeinträchtigen:

- Eine Klientin erläutert, wie sie sich bezogen auf ein Item fühlt, und fragt den Therapeuten, ob es mit *„Das fällt mir schwer"* oder *„Das kann ich gut"* markiert werden soll. Der Therapeut antwortet ihr, dass sie die Antwort wählen soll, die am ehesten ihre Gefühle widerspiegelt, und dass es keine richtigen oder falschen Antworten gibt. Es geht darum, herauszufinden, wie sie die Dinge sieht und erlebt.
- Ein Klient fragt, wie viele Items er als Problem markieren soll, der Therapeut antwortet ihm, dass dies individuell verschieden ist und es kein Richtig oder Falsch gibt.
- Der Klient ist sich unsicher, wie er ein Item bewerten soll, und fragt den Therapeuten nach seiner Meinung. Dieser fragt den Klienten z. B. nach neueren Erfahrungen am Arbeitsplatz und ermutigt den Klienten, aufgrund dessen seine Bewertung vorzunehmen.

Wie die Beispiele zeigen, kann der Therapeut auf Fragen des Klienten antworten und dennoch die Selbsteinschätzung erhalten.

Wenn der Klient auch mit den oben aufgezeigten Hilfestellungen, die die Selbsteinschätzung nicht beeinflussen, nicht in der Lage ist, das OSA auszufüllen, dann ist es wahrscheinlich am besten, die Selbsteinschätzung zu diesem Zeitpunkt zu beenden.

Es kann jedoch Zeiten geben, in denen es nach Beurteilung des Therapeuten für den Klienten unmöglich ist, das OSA nach obigen Richtlinien zu beantworten, es aber für die Therapie trotzdem nützliche Informationen liefert. In diesem Fall kann der Therapeut dem Klienten bei der Beantwortung helfen.

Im Folgenden 2 Beispiele für solch eine Situation:

- Ein Klient hat Probleme, die Items zu verstehen, und fragt wiederholt nach klärenden Beispielen. Der Therapeut stellt fest, dass diese Beispiele den Klienten in seiner Beurteilung beeinflussen, aber er merkt, dass der Klient von der Beantwortung des Instrumentes profitiert und die Informationen für die Behandlung nützlich sind.
- Ein Klient besteht darauf, jedes Item zu diskutieren und die Meinung des Therapeuten zu hören, bevor er es beantwortet. Der Therapeut entscheidet, dass die Diskussion dem Klienten Struktur und Feedback gibt und ihm selbst Einsicht in die Sichtweise des Klienten.

In diesen Fällen muss sich der Therapeut bewusst sein, dass die gewonnenen Daten u. U. nicht denen einer reinen Selbsteinschätzung entsprechen. Aus diesem Grund haben diese Daten nicht den gleichen Messwert wie Daten aus einer Selbsteinschätzung im eigentlichen Sinn und müssen im Hinblick darauf entsprechend interpretiert werden.

Anwendung von Schritt 3 (Festlegen der Ziele)

Für die meisten Klienten ist das Festlegen von Zielen ein ungewohnter Prozess. Da es ein wichtiger Schritt bei der ergotherapeutischen Behandlungsplanung ist, sollten Therapeuten, die das OSA nutzen, darauf achten, dass der Klient den Prozess der Zielbestimmung versteht und wertschätzt.

Der Therapeut kann mit der Erklärung von *Schritt 3* vermitteln, dass dieser Schritt eine Chance für den Klienten ist, die Items zu markieren, die er zuerst verändern möchte. Es sollte dem Klienten auch versichert werden, dass diese Ergebnisse gemeinsam diskutiert werden und erst im Anschluss daran endgültige Therapieziele aufgestellt werden.

Die Klienten werden gebeten, bis zu vier Items anzugeben, die sie verändern möchten. Diese Zahlen wurden ausgewählt, da diese Anzahl an Zielen in der Regel gut in den Verlauf der Therapie integrierbar ist. Natürlich können Klienten auch mehr oder weniger Items benennen, wenn sie der Meinung sind, dass ihre speziellen Lebensumstände dies erfordern.

Als Unterstützung für die Zielbestimmung kann der Therapeut dem Klienten Folgendes aufzeigen:

- Es ist im Allgemeinen eine gute Idee, zu entscheiden, welche Dinge am wichtigsten zu verändern sind und/oder verändert werden müssen. Prioritäten für Veränderungen zu setzen, ist ein Weg zu entscheiden, wo man mit der Veränderung anfängt bzw. auf was man sich am Anfang konzentriert.
- Es gibt Dinge im Leben, die man ändern kann und andere, die man nicht ändern kann. Prioritäten zu setzen kann ein Weg sein, zu entscheiden, was man akzeptiert und was man versucht zu verändern.
- Niemandes Leben ist perfekt, aber es gibt Dinge, die einen mehr belasten als andere. Prioritäten setzen kann hilfreich sein, um herauszufinden, was man wirklich verändern möchte.

Wenn der Klient sich unsicher ist, wie er Prioritäten setzen soll, dann kann ihm der Therapeut folgende Hilfestellungen anbieten:

- Manchmal möchten Klienten den Bereich verändern, in dem der Unterschied zwischen Ausführung und Wichtigkeit am größten ist.
- Manchmal möchten Klienten zuerst die Bereiche verändern, die leicht zu verändern sind und die schwierigen für später aufheben.

- Manchmal möchten Klienten die Dinge verändern, die ihnen die meisten Unannehmlichkeiten bereiten.

In einigen Fällen wird der Therapeut nur die *Instruktionen* erklären, wie z. B. im folgenden Beispiel:

Er bittet den Klienten zuerst, den Problembereich zu bestimmen, auf den er sich direkt konzentrieren möchte, und neben diesen eine „1" in die Spalte „*Ich würde gerne ändern*" zu schreiben. Danach wird das „nächst wichtige" Item bestimmt und mit einer „2" markiert und so weiter bis „4".

Wenn ein Klient sehr große Schwierigkeiten hat, Prioritäten zu setzen, dann kann der Therapeut dies gemeinsam mit dem Klienten tun. In diesem Fall geht der Therapeut gleich zum nächsten Schritt über und nutzt diesen für die Prioritätensetzung.

Besprechung des ausgefüllten OSA mit dem Klienten

Nachdem der Klient das OSA ausgefüllt hat, sollte der Therapeut mit ihm das Instrument besprechen, damit er für sich folgende drei Punkte beantworten kann:

- Verstehen der Gedankengänge des Klienten beim Ausfüllen des Instrumentes.
- Herausfinden, ob die Selbsteinschätzung des Klienten mit der Einschätzung des Therapeuten übereinstimmt, um dann auf ein gegenseitiges Verständnis hinarbeiten zu können.
- Die Prioritäten des Klienten hinterfragen und sehen, wie diese mit seinen Werten und den Lücken zwischen Kompetenz und Werten in Zusammenhang stehen (z. B. Klientenzufriedenheit mit Performanz).

Besprechung der Antworten von Schritt 1 und 2

Der erste Schritt in der Besprechung des ausgefüllten Assessments besteht darin, die Antworten des Klienten zu den *Schritten 1 und 2* zu betrachten und „Lücken" zu identifizieren. Es gibt viele Möglichkeiten, dieses zu tun und jeder Therapeut wird seine eigene entwickeln bzw. sie jedes Mal an den entsprechenden Klienten anpassen. Generell sollten folgende Punkte beachtet werden:

- Der Therapeut sollte jedes Item besprechen und festhalten, warum der Klient es als problematisch oder als Stärke bewertet hat.
- Der Therapeut sollte den Grund des Klienten für die jeweilige Wichtigkeits-Bewertung eines Items herausfinden.
- Der Therapeut sollte sein Augenmerk besonders auf die Kompetenz-Items legen, in denen die Einschätzung des Klienten von den Beobachtungen des Therapeuten abweicht, und dies mit ihm besprechen.
- Der Therapeut sollte die Stärken des Klienten, die sich im Instrument zeigen, hervorheben.
- Der Therapeut sollte Verständnis für die Probleme zeigen, die der Klient identifiziert hat.
- Therapeut und Klient sollten die größten „Lücken" diskutieren, da diese die größte Unzufriedenheit mit der Durchführung zeigen.

Wie bereits erwähnt, kann die Art und Weise, wie jemand die Besprechung durchführt, sehr variieren. Ein Therapeut kann z. B. beobachten, dass ein Klient stolz ist, die Selbsteinschätzungsbögen ausgefüllt zu haben. In diesem Fall kann der Therapeut diese Reaktion verstärken wollen, indem er dem Klienten sagt, dass er in bestimmten Bereichen Stärken sieht und diese zuerst besprechen möchte. Im anderen Fall möchte ein Therapeut bei der Besprechung lieber chronologisch vorgehen und die Kompetenz und Werteinschätzung mit den „Lücken" nacheinander besprechen. In einer anderen Situation dagegen, in der wenig Zeit für die Besprechung zur Verfügung steht, wird es der Therapeut u. U. vorziehen, die Bereiche, die ohne Probleme bewertet worden sind, gemeinsam zu besprechen, um schnell zu den Problembereichen und „Lücken" zu gelangen.

Diskussion der Kompetenzbewertung, wenn der Therapeut die Einschätzung des Klienten nicht teilt

Eine schwierige und wichtige Situation entsteht, wenn der Therapeut das Gefühl hat, dass der Klient seine Fähigkeiten über- oder unterschätzt hat. Wenn dies vorkommt, ist es wichtig, die Antworten des Klienten und die Beobachtungen des Therapeuten gemeinsam zu besprechen.

Es kann hilfreich sein, den Klienten danach zu fragen, an was er speziell gedacht hat, als er das Item bewertet hat. Eine andere Technik ist es, den Klienten eine Geschichte über diesen Teil seines Lebens erzählen zu lassen. Eine gute Vorgehensweise, nach einer Geschichte zu fragen, ist z. B., sich etwas, das kürzlich vorgefallen ist und den Klienten zu seiner Bewertung bewogen hat, erzählen zu lassen. Daraus resultierende Antworten machen oft klarer, wie Klienten bestimmte Aspekte ihrer Handlungsfähigkeit sehen. Es kann vorkommen, dass die Antworten den Therapeuten in seinen Bedenken bezogen auf die Selbsteinschätzungsfähigkeit des Klienten bestärken.

In diesen Fällen muss der Therapeut sehr taktvoll vorgehen, wenn er dem Klienten seine Meinung darlegt. Zwei Dinge muss er in solch einer Situation beachten:

- Dem Klienten das Gefühl geben, dass seine Meinung ernst genommen wird.
- Dem Klienten helfen, seine Situation richtig einzuschätzen.

Die Beachtung dieser beiden Aspekte ist für ein gutes Therapieergebnis wichtig. Wenn der Therapeut aber der Meinung ist, dass sich der Klient falsch einschätzt, dann ist es wichtig, ihm dies mitzuteilen, ohne das Gefühl zu erwecken, den Klienten nicht ernst zu nehmen. In diesem Zusammenhang sollte man sich von folgendem Prinzip leiten lassen:

- Wenn sich ein Therapeut wirklich für die Meinung eines Klienten interessiert und diese respektiert, dann wird er den Klienten darin unterstützen, ein umfassendes und richtiges Bild von sich und seinen Lebensumständen zu erhalten.
- Von daher ist es möglich, die Meinung eines Klienten zu respektieren und dennoch zu glauben, dass sie nicht immer richtig ist. Es ist nicht einfach, diese Botschaft zu vermitteln und ein gegenseitiges Verständnis mit dem Klienten zu entwickeln. Im Folgenden sind einige Gründe aufgeführt, die es erschweren, Diskrepanzen zwischen der Selbsteinschätzung des Klienten und der Beurteilung des Therapeuten zu diskutieren:

- Manchmal überschätzen Klienten ihre Fähigkeiten, um mit Verlusten zurechtzukommen oder um ihr Selbstwertgefühl zu erhalten. Es kann mit großen emotionalen Konsequenzen verbunden sein, sich selbst in einem weniger kompetenten Licht zu sehen.
- Manchmal haben Klienten Gründe für ihren Standpunkt, die sie nur schwer erklären können und/oder die der Therapeut schwer nachvollziehen kann.
- Auch wenn der Therapeut glaubt, ein Klient würde gerne hören, dass er sich in seiner Kompetenzbewertung unterschätzt hat, kann es sein, dass der Klient das Gefühl bekommt, nicht ernst genommen zu werden.

Außer einem respektvollen und mitfühlenden Umgang mit dem Klienten gibt es wenige Richtlinien, wie man vorgehen kann, um unterschiedliche Meinungen in der Selbsteinschätzung zu handhaben.

Veränderungen von Kompetenzbewertungen auf den Selbsteinschätzungsbögen

Normalerweise sollten die Bewertungen, die der Klient auf den Bögen *(Schritt 1 und 2)* markiert hat, nicht geändert werden. Veränderungen sollten nicht vorgeschlagen werden. Es kann aber schon einmal vorkommen, dass ein Klient nach der Besprechung seiner Bewertung den Wunsch verspürt, Markierungen zu verändern. Wenn dies passiert, dann sollte sich der Therapeut die oben genannten Punkte über die „Selbstanwendung" des OSA ins Gedächtnis rufen. Kurz gesagt, das OSA ist ein Selbsteinschätzungsinstrument und muss die Meinung des Klienten wiedergeben. Wenn der Klient nach der Diskussion selbst zu der Einsicht kommt, dass er Bewertungen verändern möchte, dann ist es akzeptabel, dies zu tun.

Die folgende Diskussion soll den Therapeuten darin leiten, wie er mit Veränderungen der Markierungen umgeht. Wenn es nach der Diskussion der Ergebnisse der Wunsch des Klienten ist, Markierungen zu verändern, dann kann er dies tun. Aber auf keinen Fall sollte der Therapeut dem Klienten vorschlagen, Bewertungen zu verändern. Wenn ein Klient eine Bewertung verändert, dann sollte der Therapeut darauf achten, dass es wirklich die Idee des Klienten war. Es ist akzeptabel, dass der Klient Veränderungen aufgrund der Beobachtung des Therapeuten vornimmt, aber es ist inakzeptabel, dass der Therapeut Veränderungen vorschlägt.

Das folgende Beispiel zeigt, wie eine Bewertung verändert werden kann, ohne die „Selbstanwendung" des OSA zu unterlaufen:

- Der Klient hat das Item *„Ich erledige die Dinge, für die ich verantwortlich bin"* mit *„Das kann ich gut"* markiert. Dem Therapeuten ist bewusst, dass der Klient, der aufgrund seines Alkoholproblems regelmäßig zu spät oder gar nicht zur Arbeit gegangen ist, aus diesem Grund entlassen wurde. Der Therapeut sieht die Bewertung und fragt den Klienten, ob er bei der Bewertung des Items an seine Arbeit gedacht hat. Der Klient bedenkt dies und überlegt, dass er dazu neigt, den Einfluss, den sein Trinken auf seine Arbeit ausübt, zu unterschätzen und dass er das Item wohl besser mit *„Das fällt mir schwer"* bewertet.

Die folgenden Beispiele zeigen, wie *nicht* darauf reagiert werden soll:

- Der Therapeut sagt: „Ich verstehe nicht, warum Sie hier *‚Das kann ich gut'* angekreuzt haben. Sie haben doch aufgrund Ihrer Unpünktlichkeit Ihre Arbeitsstelle verloren. Zur Therapie kommen Sie auch nie pünktlich."
und
- Der Therapeut fragt den Klienten, ob er bei der Bewertung des Items daran gedacht hat, dass er kürzlich entlassen worden ist. Der Klient fragt den Therapeuten daraufhin, ob er das Item besser mit *„Das fällt mir schwer"* bewerten soll. Der Therapeut beantwortet diese Frage mit: „Das erscheint mir angebrachter."

Eine bessere Antwort für die letzte Situation könnte sein:

„Es ist wichtig, dass Sie das selbst entscheiden. Wenn Sie Ihre Erfahrungen am Arbeitsplatz betrachten und diese jetzt als problematisch einschätzen, dann können Sie die Bewertung ändern."

Der Therapeut sollte immer sehr vorsichtig sein und den Klienten nicht dazu auffordern, seine Antworten zu verändern. Auch wenn die Informationen und Beobachtungen des Therapeuten den Klienten dazu führen können, seine Bewertungen verändern zu wollen, so sollte der Wunsch dazu vom Klienten selbst kommen.

Besprechung der Bewertungen der Wichtigkeit (Schritt 2)

Es nicht nötig, die Bewertung der Wichtigkeit für jedes Item mit dem Klienten zu besprechen. Therapeuten können sich z. B. auf Items konzentrieren, die die höchste oder niedrigste Bewertung erhalten haben, um zu erfahren, warum der Klient bestimmte Aspekte seiner persönlichen Fähigkeiten so bewertet hat.

Besprechung von „Lücken" zwischen den Bereichen Kompetenz und Wichtigkeit

Die Identifikation von „Lücken" zwischen den Bereichen Kompetenz und Wichtigkeit ist eine Möglichkeit herauszufinden, in welchen Bereichen der Klient die größte Unzufriedenheit mit seiner Betätigungskompetenz empfindet. Diese „Lücken" sind wichtige Indikatoren für in der Therapie anzusprechende Bereiche.

„Lücken" fallen im OSA direkt ins Auge. Betrachtet man die Bewertungsseite, so kann man Markierungen mit maximal sechs Feldern zwischen den einzelnen Markierungen sehen. Dieses ist im Diagramm unten anhand des ersten Items dargestellt (Abb. 4-1). Wie in diesem Fall zu sehen ist, entsteht die größte Lücke, wenn ein Klient ein Item als sehr schwer empfindet, es aber mit *„Das ist mir sehr wichtig"* bewertet.

Es sollten vor allem die Items mit den größten Lücken besprochen werden. Diese Items werden in der Regel als Bereiche festgelegt, die verändert werden sollen. Ausnahmen sind, wenn ein Bereich nicht wesentlich verändert werden kann oder es für den Klienten emotional zu schwierig ist, sich mit diesem Bereich zu befassen. Wie später noch beschrieben wird, ist es möglich, schwierige oder komplexe Bereiche in mehrere Nahziele zu unterteilen. Manchmal ist es Klienten aber auch einfach nicht möglich, sich mit einem Bereich zu befassen, auch wenn eine große Lücke besteht.

Nachdem die Items mit der größten Lücke besprochen sind, können die Items mit einer Lücke von fünf und weniger Feldern besprochen werden (siehe Abbildung 4-1, zweite Aussage).
Schließlich kann es nützlich sein, die Items zu besprechen, die am wichtigsten sind und in denen der Klient seine Kompetenz sehr gut einschätzt. Die Besprechung dieser Items kann eine bestätigende und ermutigende Erfahrung für den Klienten sein.

	Kompetenz				Wichtigkeit			
	Das fällt mir sehr schwer	Das fällt mir schwer	Das kann ich gut	Das kann ich sehr gut	Das ist nicht so wichtig für mich	Das ist wichtig für mich	Das ist wichtiger für mich	Das ist mir sehr wichtig
Ich erkenne Probleme und kann sie lösen.	(sehr schwer)	schwer	gut	sehr gut	nicht so wichtig	wichtig	wichtiger	(sehr wichtig)
Ich kann etwas mit mir selbst anfangen.	(sehr schwer)	schwer	gut	sehr gut	nicht so wichtig	(wichtig)	wichtiger	sehr wichtig

Abbildung 4-1: Veranschaulichung von „Lücken" im Bereich „Ich über mich"

Besprechung der Veränderungswünsche (Schritt 3)

Der nächste Schritt besteht darin, die Bereiche, die der Klient in Schritt 3 zu verändern wünscht, zu besprechen. Der Therapeut sollte sich einen Überblick verschaffen, ob der Klient die Bereiche mit den größten Lücken gewählt hat. Ist dies nicht der Fall, dann sollte der Therapeut nähere Erklärungen hierzu vom Klienten einholen.
Es ist wichtig, sich daran zu erinnern, dass die Besprechung der Prioritäten zur Veränderung entscheidend dabei mitwirkt, wie viel Einfluss und Kontrolle der Klient auf den therapeutischen Prozess hat. Normalerweise werden die Prioritäten dann direkt in Therapieziele formuliert werden.

In der Besprechung der Prioritäten muss der Therapeut auf zwei Dinge achten:
- Sicherstellen, dass der Klient gute Gründe für die Veränderung hat, der Veränderungswunsch realistisch ist und zur Verbesserung der Lebenssituation beiträgt.
- Den Klienten dabei unterstützen selbst zu bestimmen, was er in seinem Leben ändern möchte.

Wie oben beschrieben, werden die Prioritäten in der Regel Bereiche reflektieren, in denen die Lücke zwischen Kompetenz und Wichtigkeit am größten ist. Trotzdem gibt es Gründe, seine Prioritäten anders zu setzen:

- Etwas verändern, das leicht oder sofort geändert werden kann
- Einen Bereich, der in Ordnung ist, in eine Stärke verwandeln, um andere Problembereiche anzugleichen
- Bereiche, in welchen das zu erreichende Ergebnis unklar oder z.Zt. nicht bestimmbar ist, später angehen.

Das gewünschte Ergebnis der Besprechung der Veränderungswünsche ist, dass der Klient mit den festgelegten Prioritäten einverstanden ist und im Verlauf der Therapie an ihnen festhält. Therapeut und Klient sollten beide das Gefühl haben, dass die ausgewählten Prioritäten richtig gewählt sind und die Zusammenarbeit in der Therapie fördern.

Therapieziele und Behandlungsstrategien zusammen mit dem Klienten identifizieren

Nach der Besprechung des OSA sollten Therapeut und Klient gemeinsam die Therapieziele festlegen. Einige Klienten verstehen die Idee der Zielsetzung sofort, andere haben Schwierigkeiten damit zu verstehen, was die Ziele sind und warum sie wichtig sind. Kielhofner und Barrett (1998) beschreiben den Prozess der Zielbestimmung und der damit u. U. verbundenen Schwierigkeiten für Klienten. Ihre Diskussion konzentriert sich auf den extremen Fall, dass die Zielbestimmung absolut nicht mit der Lebensphilosophie des Klienten übereinstimmt. Es wird beschrieben, wie Therapeuten den Prozess der Zielbestimmung in den therapeutischen Kontext integrieren und wie Klienten diesen Prozess erleben können.

Wenn ein Klient mit der Zielbestimmung nicht vertraut ist und nicht weiß, wie sie ihm helfen kann, dann sollte der Therapeut Wichtigkeit und Sinn anhand der Veränderungswünsche des Klienten erklären. Hierzu einige Beispiele:

- Ziele zu bestimmen hilft dabei, auf etwas hin zu arbeiten.
- Ziele können es ermöglichen, sich auf das Positive, das man erreichen möchte, zu konzentrieren und nicht auf die Probleme, die man hat.
- Ziele können einem helfen, seinen Fortschritt und das schon Erreichte sichtbar zu machen.
- Klar formulierte Ziele geben der Therapie Schwerpunkte und können ein Kommunikationsweg für Therapeuten und Klienten im Therapieprozess sein.

Als Nächstes initiiert der Therapeut die Gestaltung des Therapieplans. Dieser Prozess ist mit jedem Klienten unterschiedlich, beginnt aber mit den in *Schritt 3* markierten Veränderungswünschen. Klient und Therapeut sollten nun gemeinsam Ziele formulieren, die die Veränderungswünsche reflektieren.

Um dies zu tun, muss der Therapeut die Fähigkeiten (occupational functioning) ansprechen, die das Item beinhaltet, welches markiert wurde, mit dem Wunsch diese zu verändern. Hat der Klient z. B. das Item „Ich komme mit anderen zurecht" markiert, dann kann der Therapeut ihn bitten, ihm von den Problemen, die er im Umgang mit anderen hat, zu erzählen. Probleme, die der Klient für obiges Item nennt, können z. B. sein: „Schnell ungeduldig und wütend werden" und „Andere(n) nicht zuhören/ausreden lassen". Wenn der Klient diese Probleme benannt hat, kann er gebeten werden, sich selbst mögliche Ziele zu überlegen, um besser mit anderen zurechtzukommen. Hierfür kann der Bogen „Ergotherapeutischer Behandlungsplan" (siehe Anhang D) verwendet werden.

Der Klient sollte so viel wie möglich darin unterstützt werden, seine Ziele selbst zu bestimmen. Viele Klienten werden hierfür die Hilfe der Therapeuten benötigen, und bei einigen wird der Therapeut die Zielbestimmung konkret anleiten müssen.

Bezogen auf o. g. Beispiel könnten mögliche Therapieziele sein:

- Verbesserte Selbstkontrolle, wenn man wütend ist
- Zuhören lernen und üben

Manchmal wird es nötig sein, dem Klienten dabei zu helfen, Grob- oder Fernziele in kleinere Einheiten oder Nahziele zu unterteilen. Ein Klient hat z. B. das Eingebundensein als Schüler als Hauptpriorität für die Therapie angegeben und das Ziel mit *„wieder zur Schule gehen"* definiert. Der Therapeut weiß, dass der Klient die Schule vor sechs Monaten verlassen hat. Der Klient bricht Aufgaben, die ihm Probleme bereiten, häufig ab und Dinge, die er angefangen hat, beendet er nicht. Um sein Ziel zu erreichen, wird folgender Plan aufgestellt:

Fernziel	Nahziele
Die Rolle des Schülers wiederaufnehmen	1. Strategien zur Identifikation und Umgang mit Frustration erlernen
	2. Kontakt mit der Schule aufnehmen, um den Wiedereinstieg zu planen

Eine andere Möglichkeit, Therapieziele zu definieren, besteht darin, sich die Prioritäten und Problembereiche anzuschauen, um zu sehen, ob sich ein Thema ergibt. Der Klient gibt z. B. Folgendes als Veränderungswunsch und Problembereiche an:

Veränderungswunsch	Problembereiche
Ich habe einen zufriedenstellenden Tagesablauf	1. Ich führe Tätigkeiten aus, die ich mag
	2. Ich komme mit anderen zurecht
	3. Ich achte auf mich

Bei der weiteren Diskussion der Problembereiche sollte der Therapeut versuchen, die Elemente herauszuarbeiten, die einen zufriedenstellenden Tagesablauf behindern. Wenn sie gefunden sind, dann können sie genutzt werden, um Schritte zu entwickeln, die helfen das Ziel, einen Tagesablauf zu haben, der einem zusagt, zu erreichen. Wie zum Beispiel:

Ziel	Behandlungsplan
Einen zufriedenstellenden Tagesablauf haben	1. Drei Interessen benennen und planen sich mit diesen zu beschäftigen
	2. Feststellen, wie man am besten entspannen kann, was man gerne macht und dies in den Tagesablauf einplanen
	3. Zwei Verhaltensweisen benennen, die den Umgang mit anderen behindern, und Verhaltensweisen erlernen, die fördernd sind
	4. Gestaltung eines Wochenplans, der Zeit für Arbeit, Freizeit, Interessen/Freunde, ADL und Erholung beinhaltet

Während der gesamten Zusammenarbeit ist das therapeutische Verhältnis zum Klienten wichtig. Ein optimales therapeutisches Verhältnis erlaubt es dem Klienten, seine Therapieziele unter der Führung des Therapeuten selbst zu bestimmen. Mit Berufung auf die kanadischen Richtlinien für klientenzentrierte Praxis (Canadian Occupational Therapy Guidelines for Client-Centered Practice, 1991) werden Klient und Therapeut mit der Entwicklung ihrer therapeutischen Beziehung verschiedene Rollen einnehmen. „Am Anfang wird z. B. der Therapeut eine dominante, beratende, leitende Rolle innehaben und der Klient in einer von ihm abhängigen Rolle sein. Der Therapeut wird dann einen Rollenwechsel einleiten, um dem Klienten zu helfen, eine unabhängige Rolle einzunehmen, in der er die Entscheidungen selbst trifft (mit dem Therapeuten beratend im Hintergrund)" (Seite 32). Nachdem der Klient diese unabhängige Rolle übernommen hat, ist er besser in der Lage, seine Ziele selbst zu benennen.

In der Diskussion um die Prioritäten werden Klient und Therapeut wahrscheinlich unterschiedliche Meinungen haben. Sollte es ihnen nicht möglich sein, zu einer Einigung zu kommen, dann müssen die Therapieziele erneut betrachtet und ggf. angepasst werden. Auch wenn der Klient als gleichberechtigtes und aktives Mitglied im Zusammenarbeitprozess gesehen wird, liegt es in der Verantwortung des Therapeuten, diesen Schritt einzuleiten und den Klienten tätig werden zu lassen. Nach Townsend (1997) trägt der Therapeut die volle Verantwortung dafür, Ideen, Vorschläge und Ratschläge einzubringen, aber auch die Grenzen seiner Handlungsfähigkeit zu definieren, die er auch auf Wunsch des Klienten nicht überschreiten darf.

Klientenzentrierte Praxis bedeutet nicht, dass der Therapeut dem Klienten seine Sichtweise nicht mitteilt. Dennoch liegt es in der Entscheidung des Klienten, die Meinung des Therapeuten zu akzeptieren oder abzulehnen. Auch kann es zu Situationen kommen, wo Klient und Therapeut zu keiner gemeinsamen Sichtweise gelangen können und beschließen, das therapeutische Verhältnis zu beenden.

Es gibt unendlich viele Ratschläge, wie man damit umgehen kann, wenn es zu keiner Einigung bei der Bestimmung der Therapieziele und der Festlegung der Prioritäten kommt. Es kann z. B. hilfreich sein, in Nah- oder Fernzielen zu denken, um die Prioritäten für die Gegenwart besser erkennen zu können. Auch kann es angebracht sein, die Prioritäten, in denen Therapeut und Klient nicht übereinstimmen, neu zu bestimmen. Die Prioritäten in einem anderen Licht zu betrachten, kann helfen, die Diskussion neu anzuregen und so leichter zu einer Lösung zu finden.

Priorität für eine Veränderung ist für eine Klientin z. B. das Item *„Ich arbeite auf meine Ziele hin"*. Sie besteht auf ihrem Therapieziel, eine eigene Wohnung zu bekommen. Der Therapeut ist sich jedoch bewusst, dass die Klientin weder über die finanziellen Möglichkeiten noch über die notwendigen Fähigkeiten verfügt, alleine zu wohnen.

Anstatt das Ziel der Klientin als unrealistisch zu verwerfen, kann der Therapeut der Klientin sagen, dass er ihren Wunsch, von den Eltern wegzuziehen, durch die vorangegangene Diskussion klar erkennt. Der Therapeut erkennt, dass dies ein realistisches Ziel sein kann, wenn die Klientin es in Erwägung zieht, an andere Wohnformen zu denken. Deshalb schlägt er als Therapieziel „unabhängig von den Eltern wohnen" vor. Wenn die Klientin diesem zustimmt, dann können „Zwischenziele" definiert werden, die mit dem Auszug aus dem Elternhaus in Verbindung stehen.

Manchmal ist ein Klient auf ein bestimmtes Ziel fixiert und kann sich keinen anderen Weg vorstellen, um seine Situation zu verbessern. Wenn der Therapeut Ideen hat, wie der Klient seine Situation verbessern kann, dann kann er mit dem Vermitteln dieser Ideen dem Klienten helfen, sich selbst in einem neuen Licht zu sehen.

Neubestimmung und das Anbieten von Alternativen sind Methoden der Überzeugung. Überzeugung kann ein nützliches therapeutisches Werkzeug sein. Therapeuten müssen jedoch darauf achten, dass der Klient ohne Zwang überzeugt wird. Überzeugung ist, wenn der Klient als Antwort auf Informationen und Ratschläge seine Meinung freiwillig ändert. Zwang tritt auf, wenn der Klient gegen seinen Willen nachgibt.
Oft können Therapeut und Klient alternative Ziele identifizieren, indem sie erforschen, was sich hinter dem Wunsch des Klienten verbirgt, einen Bereich verändern zu wollen oder ein bestimmtes Ziel zu verfolgen. Therapeuten können Klienten ermutigen, ihre Erfahrungen mitzuteilen, über bestimmte unbefriedigende Erlebnisse im Zusammenhang mit dem zu ändernden Item zu berichten oder sie erzählen lassen, wie sie sich die Dinge wünschen. Wenn der Therapeut den Erzählungen des Klienten sorgfältig zuhört und auf Metaphern achtet, die der Klient zur Beschreibung seines Lebens benutzt, dann kann er daraus oft Ziele und Lösungen für den Klienten herleiten. Es empfiehlt sich, die Artikel von Helfrich, Kielhofner und Mattingly (1994) und Mallinson, Kielhofner & Mattingly (1996) zu den Themen Erzählungen (narratives) und Metaphern zu lesen.

Ausfüllen der Planungs- und Durchführungsbögen mit dem Klienten

Die Behandlungsplan-Bögen (siehe Anhang D) können als Behandlungsvertrag zwischen Therapeut und Klient dienen. Diese Bögen sollten ausgefüllt werden, wenn die Ziele definiert sind. Die Bögen können sowohl vom Klienten als auch vom Therapeuten ausgefüllt werden, sollten aber in den Worten des Klienten geschrieben werden. Dadurch, dass die Worte des Klienten benutzt werden, kann der Therapeut leichter die Sprache entwickeln, die er während der Behandlung spricht. Ebenso sieht der Klient, dass seine Sichtweise ein wichtiger Teil der ergotherapeutischen Behandlung ist.

Da die Behandlungsziele schon im vorherigen Schritt festgelegt worden sind, ist es die Hauptaufgabe dieses Schrittes, den Behandlungsplan zu entwickeln. Im Allgemeinen ist es die Aufgabe des Therapeuten, die Führung hierbei zu übernehmen. Der Therapeut sollte dem Klienten so viel wie möglich über die Hintergründe erklären, damit der Klient den Behandlungsplan verstehen und ihm zustimmen kann. Wenn die Ziele und Behandlungsstrategien auf dem Formular ausgefüllt sind, dann sollte es von beiden als Zeichen des gegenseitigen Einverständnisses und der Verbindlichkeit unterschrieben werden.

Es mag von Zeit zu Zeit nötig sein, Ziele und Strategien zu betrachten und Veränderungen vorzunehmen. In diesem Fall können Veränderungen auf demselben Formblatt vorgenommen oder ein neues ausgefüllt werden.

Ausfüllen der OSA-Bewertungsschlüsselbögen

Wenn möglich, sollte der Therapeut die OSA-Kompetenz-Bewertungsschlüsselbögen gemeinsam mit dem Klienten ausfüllen, um einen Zahlenwert von Kompetenz und Wichtigkeit zu erhalten. Werden Anfangserhebung und Follow-up eingetragen, dann können die Zahlenwerte für die Dokumentation und zum Vergleich genutzt werden. In Kapitel 5 findet sich eine genaue Beschreibung und Anleitung hierfür.

Zur Verdeutlichung des Behandlungsfortschritts Ausfüllen des Follow-up-Bogens durch Klienten

Dieser letzte Schritt wird durchgeführt, wenn der Therapeut die Effektivität der Therapie sehen möchte. Ein Follow-up-Formular (dieses ist ohne Schritt 3, ansonsten identisch mit den ursprünglichen Selbsteinschätzungsbögen) ist in Anhang E zu finden. Der Klient sollte es entsprechend den früher aufgezeigten Richtlinien selbst ausfüllen.

Es ist empfehlenswert, dass Klienten das Follow-up-Formular als Teil des Entlassungsprozesses ausfüllen, um ihren Therapiefortschritt zu überprüfen. Diese Informationen können für die Abschlussbesprechung und für Empfehlungen, wie es weitergeht, benutzt werden. Ein Zusammenfassungsbogen ist in Anhang F zu finden. Therapeut und Klient können nun sowohl Veränderungen in Kompetenz und Wichtigkeit als auch die Ergebnisse aus den Bewertungsschlüsselbögen miteinander vergleichen und die Ergebnisse der Behandlung besprechen.

Arbeiten mit MOHO in der Anwendung des OSA

Während der Anwendung des OSA ist es wichtig, die ihm zugrunde liegende Theorie aktiv mit einzubeziehen. Das Modell der menschlichen Betätigung ist nicht nur in der Struktur des OSA wiederzufinden, es sollte auch in Gedanken und Interaktion des Therapeuten mit dem Klienten zentral sein.

Der Therapeut sollte das Modell aktiv nutzen, um den Klienten zu verstehen. Kielhofner (2002) behauptet, das Schlussfolgerungen anhand des Modells es erforderten, die Theorie mit den Anamnesedaten des Klienten zu kombinieren, um eine spezifische „Theorie" oder ein Verständnis vom Klienten zu bekommen. Auf diese Weise bringt der Therapeut sein Wissen von MOHO in Zusammenhang mit den Umständen des Klienten ein und versucht, ein auf Theorie basierendes Verständnis vom Klienten zu erhalten. In der Praxis setzt der Theoretisierungsprozess großes theoretisches Wissen und Erfahrung voraus, um zwischen Theorie und den persönlichen Umständen und Perspektiven einzelner Klienten zu wechseln.

Klientenzentrierte Praxis kann mit anderen Theorien aktiv und erfolgreich kombiniert werden. In diesem Zusammenhang ist es wichtig anzumerken, dass das Modell die Perspektiven und Erfahrungen des Klienten nicht ersetzt. Es fügt vielmehr eine weitere Perspektive und eine tiefere Einsicht in die Sichtweise und das Wissen über den Klienten hinzu. Ein Therapeut, der aktiv mit einer Theorie arbeitet, um seine Klienten besser verstehen zu können, kann ihnen eine bessere Vorstellung von ihren Lebensumständen vermitteln und Verbesserungen aufzeigen.

Eine wichtige Schlussfolgerung hieraus ist, dass der Therapeut:

- Ein theoretisches Verständnis vom Klienten entwickelt und
- Wege findet, dieses Verständnis mit dem Klienten während der Anwendung des OSA zu teilen

Wie in Kapitel 3 beschrieben, übersetzt das OSA die Konzepte der Theorie in allgemeine Sprache und vermittelt so, zumindest indirekt, die Inhalte des Modells an den Klienten. Der Therapeut kann diesen Prozess unterstützen, indem er den Klienten mit weiterführenden Informationen zum Modell versorgt. Therapeuten haben die Inhalte des Modells erfolgreich an Klienten in verschiedenen Situationen vermittelt. Wenn es auch nicht jeder Klient als hilfreich empfindet, so gibt es doch viele Klienten, die es unterstützend finden, etwas über die theoretischen Grundlagen zu erfahren, mit denen der Therapeut arbeitet.

Das OSA ist ein guter Ausgangspunkt, um die Inhalte des Modells zu vermitteln. Wenn man die Inhalte des Modells mit Klienten diskutiert, ist es immer wichtig, den Fachjargon oder die spezielle Fachterminologie zu vermeiden. Viele der Fachbegriffe sind den Klienten ohnehin schon bekannt (z. B. Interessen, Werte und Gewohnheiten). Andere Ausdrücke, wie z. B. „Rolle", sind den Klienten nicht unbekannt, bedürfen aber einiger Erklärungen, wie sie hier benutzt werden. Hingegen sind andere Begriffe (z. B. Volition oder Habituation) reine Fachausdrücke und werden in den meisten Fällen im Umgang mit Klienten nicht benutzt. Die folgende Tabelle beinhaltet einige Richtlinien, die für die Darstellung der Modellinhalte mit dem Klienten hilfreich sein können.

Theoretische Inhalte oder Konzepte des Modells der menschlichen Betätigung	Wege, die Theorie/das Konzept den Klienten zu erklären
Menschen sind dynamische Wesen, die drei miteinander verbundene Komponenten beinhalten (Volition, Habituation und Performanz) und von der Umwelt beeinflusst werden.	Was man in seinem Leben tut, reflektiert: • wozu man motiviert ist • die Gewohnheiten und Verhaltensmuster, die man sich angeeignet hat • die Kapazitäten und Möglichkeiten, die man hat • inwiefern die Umwelt einen unterstützt oder behindert
Volition	Die Motivation für die Dinge, die man in seinem täglichen Leben tut und die (Aus-)Wahl, was man aus seinem Leben machen will
Habituation	Persönlicher Lebensstil und typische Routine
Performanz-Kapazität	Gesundheit und Fähigkeiten/Wie man die Welt erlebt
Selbstbild	Wie effektiv man sich dabei erlebt, das, was man erreichen möchte, zu erlangen
Werte	Was für einen wichtig und von Bedeutung ist
Interessen	Dinge, die man gerne macht oder als befriedigend empfindet
Rollen	Die Positionen, die man im Leben innehat, und die damit verbundenen Pflichten, wie z. B. als Ehepartner, Eltern, Arbeiter, Student
Gewohnheiten	Wie man typischerweise seine Dinge erledigt
Fertigkeiten	Wie gut man • mit anderen reden kann und zurechtkommt • Dinge körperlich ausführen kann • über etwas nachdenkt und das, was man macht, organisiert (z. B. Planen, Problemlösen, aus Fehlern lernen, notwendige Veränderungen vornehmen)
Umwelt	Die physikalische Umwelt und Menschen, die einen umgeben/der Arbeitsplatz, Schule, Nachbarschaft, Zuhause etc.
Plätze/Orte	Die physikalischen Orte, an denen man arbeitet, spielt, sich entspannt, lernt, schlafen geht (z. B. Klassenzimmer, Küche, Schlafzimmer, Büro)
Objekte	Werkzeug, Zubehör, Möbel, Ausstattung, Kleidung, Fahrzeuge und andere Dinge, die man zur Interaktion nutzt, mit denen man sich kleidet oder die auf andere Weise Teil des täglichen Lebens sind
Occupational Forms	Routinetätigkeiten
Soziale Gruppen	Die Menschen, mit denen man im täglichen Leben zu tun hat (Kollegen, Klassenkameraden, Familie, Mitbewohner, Nachbarn etc.)

Wie die Tabelle zeigt, ist es möglich, die Fachausdrücke, Konzepte und Ideen des Modells in allgemein verständliche Sprache zu fassen. Tatsächlich sollte es Therapeuten, je besser sie das Modell verstehen, auch leichter fallen, das Modell mit einfachen Worten zu erklären. Wichtig ist auch, Sensibilität für die Sprache zu entwickeln, die der Klient benutzt, um seine Erfahrungen zu beschreiben. Das bedeutet, dass man nicht nur auf die Worte und umgangssprachlichen Ausdrücke des Klienten achtet, sondern auch die benutzten Metaphern und wie er sonst sein Leben darstellt einbezieht. Klientenzentrierte Praxis erfordert, dass der Therapeut sein Wissen so weit wie möglich so vermittelt, dass es die Perspektive des Klienten widerspiegelt.

Es gibt viele Wege, das Modell Klienten verständlich zu machen. Die einfachste, grundlegendste Art ist es, dies anhand eines Beispiels zu tun. Z. B. wird eine Klientin mit Arthritis durch ihre Erkrankung in ihrer Routine und ihrer Fähigkeit, ihre Rolle als Ehefrau und Mutter auszuüben, gestört. Theoretische Konzepte des Modells, die für dieses Beispiel relevant sind, sind Rollenidentität, Erfüllung und Bewältigung der Rollenerwartung, Gewohnheiten und ihr Einfluss auf Zeiteinteilung und Wege der Durchführung und Ausgewogenheit in der Routine.

In diesem Fall kann der Therapeut hervorheben, wie wichtig es ist, die Pflichten als Mutter und Ehefrau in einer Weise auszuüben, die von der Familie anerkannt und unterstützt wird, aber an ihre Fähigkeiten angepasst ist und es ihr ermöglicht, sich bei dem, was sie tut, wohlzufühlen. Der Therapeut kann ein gemeinsames Gespräch mit ihrem Mann und ihren Kindern vorschlagen, um herauszufinden, welche Dinge Priorität haben, was ihr schwerfällt und wie die Familie ihr helfen kann, die Mutter und Ehefrau zu sein, die sie sich alle wünschen. Der Therapeut kann erklären, dass die Art, wie sie sich selbst wahrnimmt, wie wohl oder unwohl sie sich fühlt, von ihrem Ehefrau- und Muttersein beeinflusst wird. Besonders, wie wohl sie und ihre Familie sich mit der Art und Weise fühlen, in der sie die Dinge ausführt, die mit dem Ehefrau- und Muttersein verbunden sind.

Der Therapeut kann auch hervorheben, wie wichtig es für die Klientin ist, einen Tagesablauf zu haben, der an ihre Fähigkeiten angepasst ist, ihr dadurch zu Lebensqualität verhilft und sie und andere unterstützt, sich zu entspannen und etwas für sich zu tun. Er kann erklären, dass alle Menschen

a) Rollen innehaben – z. B. in der Familie, in der Nachbarschaft, in der Gesellschaft – und dass es diese Rollen sind, die uns ein Gespür für uns selbst vermitteln und uns zu einer wertvollen Person machen,
b) verschiedene Routinen haben, die sie unterstützen, das zu tun, was notwendig ist, und es gleichzeitig ermöglichen, Freude und Befriedigung am Leben zu empfinden.

Mit diesen Informationen hilft der Therapeut dem Klienten, aus der Theorie Ideen für neue Perspektiven zu entwickeln. Solche Diskussionen können dem Klienten helfen herauszufinden, was in seinem Leben nicht zufriedenstellend oder störend verlaufen ist. Sie können Klienten auch zur Bestätigung verhelfen, dass ihre Gefühle und Wünsche legitim sind. Mithilfe von auf der Theorie basierenden Gesprächen können mögliche Wege aufgezeigt werden, Problembereiche zu verändern. Indem der Therapeut in den Gesprächen die Perspektive des Klienten nachvollzieht, legt er seine klinische Beurteilung dar und erlaubt es dem Klienten, sein Partner im therapeutischen Prozess zu werden. Der Klient bekommt so auch die Möglichkeit, zu sehen, was der Therapeut denkt und kann einlenken, wenn er anderer Meinung ist oder das Gefühl hat, der Therapeut sei zu einer falschen Schlussfolgerung gelangt. Der Therapeut sollte dem Klienten immer die Möglichkeit geben, seine Meinung frei äußern zu können.

In anderen Fällen kann es sein, dass der Therapeut das Modell grundlegender darlegen möchte. Manche Therapeuten erklären das Modell mit Beispielen aus dem Modell und der Situation des Klienten. Hier kann der Therapeut das Gespräch folgendermaßen einleiten:

„Wenn ich mir Ihre Situation anschaue, so tue ich dies mithilfe einiger Konzepte, die ich in meiner Ausbildung kennengelernt habe. Diese Ideen sind sehr wichtig für mich und verhelfen mir oft zu nützlichen Einsichten. Ich würde Ihnen gerne einige dieser Konzepte erklären, damit Sie meine Denkweise besser verstehen können. Sie können auch für die Betrachtung Ihrer Situation hilfreich sein. Diese Konzepte helfen uns u. U. auch in der Kommunikation."

Für den Klienten kann es eine enorm bestärkende Erfahrung sein, theoretische Informationen in einer Form zu erhalten, die er effektiv nutzen kann. Es verschafft ihm mehr Gleichberechtigung auf dem Weg zu wirklicher Partnerschaft mit dem Therapeuten. Um dies zu erreichen, muss der Therapeut die theoretischen Informationen vorsichtig, in einer dem Klienten vertrauten Sprache, vermitteln. Er darf dem Klienten nicht das Gefühl geben, ihm imponieren zu wollen, sondern muss deutlich machen, dass er ihm helfen möchte, die Theorie zu verstehen. Es ist wichtiger, dass der Klient ein besseres Wissen und Verständnis von sich selbst entwickelt, als dass sein Vertrauen in die Fähigkeiten des Therapeuten verbessert wird. Letzteres wird sich ergeben, wenn Ersteres sich entwickelt hat.

Therapeuten werden feststellen, dass das Modell nicht für jeden Klienten für die Bestimmung des Behandlungsplanes relevant ist. So kann z. B. ein Klient, nachdem er die Therapievorschläge auf der Grundlage des MOHO gehört hat, der Meinung sein, dass Medikamente die Antwort auf die diskutierten Probleme sind. In diesem Fall kann der Therapeut erklären, dass Medikamente einen wichtigen Anteil an der verbesserten Funktionsfähigkeit des Klienten haben, indem sie sie chemisch unterstützen. Auf diese Art kann der Therapeut zeigen, dass beide an der Verbesserung der Konzentrationsfähigkeit interessiert sind und Medikamente und Ergotherapie sich nicht gegenseitig ausschließen. Der Therapeut kann dann fortfahren und erklären, wie die Ideen des Modells die Wirkung von Medikamenten unterstützen, und Beispiele für die Behandlung nennen.

Vergleichbar kann ein anderer Klient äußern, dass Psychotherapie für ihn die Therapie der Wahl ist. Hier kann der Therapeut dem Klienten anhand von Beispielen zeigen, wie sich ergotherapeutische und psychotherapeutische Behandlung miteinander kombinieren lassen, um zur allgemeinen Verbesserung der Funktion beizutragen. Beispielsweise kann eine Klientin enttäuscht sein, dass sie viele ihrer Fähigkeiten durch eine manische Episode verloren hat und sie sich nun als Versagerin empfindet. Das wiederum erinnert sie an die Zeit, als ihre Mutter sie emotional und verbal misshandelt hat. Der Ergotherapeut kann der Klientin zeigen, welche Inhalte ihrer Aussage in der Psychotherapie aufgegriffen werden können – z. B. die Erinnerungen an ihre Mutter – und was in der Ergotherapie behandelt werden kann, z. B. Verlust ihrer Fähigkeiten und wie man sie verbessern kann. Im Anschluss kann erklärt werden, wie – mit Fokus auf beiden Problembereichen – ein insgesamt verbesserter Gesundheitszustand erlangt werden kann.

Ein religiöser Klient kann der Überzeugung sein, dass sein Schicksal in Gottes Hand liegt. Der Therapeut kann kurz die religiösen Hintergründe des Klienten erfragen und seinen Respekt für sie zum Ausdruck bringen. Zusätzlich sollte er den Klienten vielleicht zu einer „Partnerschaft" mit Gott ermutigen, indem er eine aktivere Haltung im Therapieprozess einnimmt. Der Therapeut sollte dem Klienten erklären, was er unter dieser mehr aktiven Haltung versteht, wie z. B. neue Wege zu finden, um Stress zu reduzieren, damit er mehr Frieden empfinden kann, oder wie der Klient sein geselliges Leben besser ausbalancieren kann, um mehr Zeit für sich zu haben, damit er die Ausführung seiner notwendigen Rollen mit Phasen von Erneuerung und Entspannung unterstützen kann.
Dieses sind nur einige Beispiele möglicher Szenarien. Eine respektvolle Haltung für die Meinung des Klienten ist immer empfohlen. Sie wird dem Therapeuten helfen, sich auf das zu konzentrieren, was dem Klienten wirklich wichtig ist. Zusätzlich wird eine respektvolle Haltung dazu beitragen, mit dem Klienten so in Kontakt zu treten, dass die Therapie für ihn eine wirkliche Hilfe sein kann.

Schlussfolgerung

Nachdem Therapeuten dieses Kapitel gelesen haben, sollte es ihnen deutlich geworden sein, dass die richtige Anwendung des OSA viel Urteilsvermögen, Kommunikation und Zusammenarbeit erfordert. Auch wenn das Instrument in seiner Form relativ einfach ist, so ist die Anwendung und Nutzung im Rahmen eines theoriegeleiteten und klientenzentrierten Prozesses sehr komplex.

Therapeuten sollten versuchen, den Prozess der Anwendung möglichst flüssig zu gestalten. Das bedeutet, dass die einzelnen Schritte, die in diesem Kapitel besprochen worden sind, miteinander verbunden sind und nicht notwendigerweise aufeinander folgen müssen. Es ist eher so, dass die einzelnen Schritte zusammengefasst eine ganzheitliche Methode für die Anwendung des OSA ergeben.

Literatur

Helfrich, C. & Kielhofner, G. (1994). Volitional narratives and the meaning of therapy. The American Journal of Occupational Therapy, 48, 319-326.

Kielhofner, G. & Barrett, L. (1998). Meaning and misunderstanding in occupational forms: a study of therapeutic goal setting. The American Journal of Occupational Therapy, 52, 345-353.

Kielhofner, G. (2002). Gathering Client Information. In G. Kielhofner, A Model of Human Occupation (3rd ed.), Baltimore: Lippincott, Williams & Wilkins

Last, D. (1998). Personal communication, July, 1998.

Launiainen, H. (1998). The Self Assessment of Occupational Functioning: Description of the Finnish Pilot Study. Helsinki. Unpublished paper.

Mallinson, T., Kielhofner, G. & Mattingly, C. (1996). Metaphor and meaning in a clinical interview. The American Journal of Occupational Therapy, 50, 338-346.

Occupational Therapy Guidelines for Client-Centered Practice. (1991). Ontario, Canada: Canadian Association of Occupational Therapists.

Townsend, E. (1997). Personal communication, November 4, 1997.

| Kapitel 5*

Anwendung der OSA-Bewertungsschlüsselbögen

Was ist der OSA-Bewertungsschlüssel?

Der OSA-Bewertungsschlüssel gibt einem die Möglichkeit, die Bewertungen, die der Klient beim Ausfüllen des OSA gemacht hat, numerisch auszuwerten.

Warum möchte man numerische Ergebnisse haben?

Zahlen sind Platzhalter, die etwas messen, wie z. B. ein Lineal. Durch die Klientenbewertung der Items, die Betätigungsperformanz und Teilhabe messen, ergeben sich zwei Werte aus dem OSA. Der erste Wert ist die Einschätzung der eigenen Betätigungskompetenz (basierend auf der Selbsteinschätzung, wie gut man jedes Item der Skala kann). Der zweite Wert ist die Wichtigkeit der Betätigungen (basierend auf der Wichtigkeit der einzelnen Bereiche der Betätigungsperformanz und Teilhabe, die ihnen der Klient zugeordnet hat). Der Wert, den der Klient jedem Item des OSA zuteilt, reflektiert die Betätigungsidentität der Person.
Folglich ergeben sich aus dem OSA zwei Werte, die in Verbindung mit dem MOHO stehen:

- Kompetenz (Ausmaß, zu dem Performanz und Teilhabe gut ausgeführt werden können) und
- Wichtigkeit als ein Aspekt von Identität (Wichtigkeit, verbunden mit den Bereichen der Performanz und Teilhabe).

Folglich zeigen die numerischen Ergebnisse, die durch den Bewertungsschlüssel entstehen, den Grad der Kompetenz und der Identität einer Person. Diese Werte sind in mehrfacher Hinsicht hilfreich.

- Sie können benutzt werden, um Klienten miteinander zu vergleichen. Wenn ein Therapeut dieses Instrument regelmäßig benutzt, dann kann das Ergebnis ein erster Hinweis darauf sein, wie ein bestimmter Klient mit anderen typischen Klienten zu vergleichen ist.
- Sie können benutzt werden, um den Fortschritt eines Klienten zu kontrollieren. Wenn das OSA wiederholt wird und die Ergebnisse von der ersten und den folgenden Durchführungen verglichen werden, kann man Veränderungen präzise dokumentieren.
- Sie können kumuliert werden, um Gruppen von Klienten zu untersuchen. Dadurch, dass die Bewertungsschlüsselbögen Zahlen produzieren, die eine korrekte mathematische Analyse ermöglichen (z. B. Addition, Subtraktion, Multiplikation, und Division), kann man den Durchschnitt für eine Gruppe berechnen, berechnen, wie eine Gruppe sich insgesamt verändert hat, die Durchschnittswerte verschiedener Gruppen vergleichen usw. Die Möglichkeit, Werte zusammenzufassen, ist wichtig, wenn man die Wirkung eines Programms oder einer Intervention auf mehrere Klienten zeigen möchte.
- Die Zahlen sind hilfreich, wenn man Informationen über die Wahrnehmung des Klienten in Bezug auf Kompetenz und Wichtigkeit an andere weitergeben möchte (z. B. interdisziplinäre Teammitglieder, Klienten, Familienmitglieder). Zahlen mitzuteilen kann hilfreich sein, um:

---

* Dieses Kapitel wurde von Silke Blomberg übersetzt

- die Kompetenz und Wichtigkeit des Klienten im Vergleich zu anderen zu beschreiben (wie vorher schon erwähnt),
- die Veränderung in der Kompetenz und der Wichtigkeit des Klienten zu beschreiben, und
- die Merkmale einer Gruppe von Klienten zu beschreiben (z. B. die durchschnittlichen Werte der Klienten, die man in seinem Arbeitsumfeld betreut).

Die Ergebnisse, die durch die Bewertungsschlüsselbögen erstellt werden, sind also hilfreich, um auf verschiedenen Wegen, Klienten zu beurteilen und über sie zu berichten.

Warum kann man die Werte nicht einfach ermitteln, indem man die Bewertungen addiert?

Bisher ist es üblich gewesen, die Werte aus Bewertungsskalen durch einfaches Addieren der Bewertungspunkte zu ermitteln. Aber diese Handhabung wird zunehmend als unerwünscht angesehen. Erstens ist diese Methode nicht mathematisch korrekt. Bewertungs-Items (z. B. die Bewertung des Klienten von Kompetenz und Wichtigkeit der OSA-Items) liefern ordinale Daten, die *nicht* aussagekräftig mathematischen Berechnungen, einschließlich Addition, Subtraktion, Multiplikation oder Division, unterzogen werden können.

Im Folgenden wird gezeigt, warum das Addieren ordinaler Bewertungen keine aussagekräftigen Zahlen liefert. Wenn ein Klient die Bewertung *„Das kann ich sehr gut"* für ein Item auswählt, und ein anderer Klient das gleiche Item mit *„Das kann ich gut"* bewertet, kann man sagen, dass der erstgenannte Klient kompetenter ist.

Allerdings kann man nicht sagen, wie viel kompetenter der erste Klient ist, wenn man die zweite Frage betrachtet. Die Antwort auf die Frage „Wie viel?" erfordert Intervalldaten, in denen der Abstand zwischen *„Das kann ich gut"* und *„Das kann ich sehr gut"* bekannt ist. Die ordinalen Rohdaten liefern diese Information nicht.

Das zweite Problem mit der Addition von Bewertungen der Items einer Skala besteht darin, dass Addition nur möglich ist, wenn jedes Item gleichermaßen die gemessenen Merkmale widerspiegelt. Aber das ist nicht der Fall. Auf der Betätigungskompetenzskala, stellt zum Beispiel das Item *„Ich arbeite auf meine Ziele hin"* ein anspruchsvolleres oder ein übergeordnetes Item dar als *„Ich achte auf mich"*. Also repräsentiert effektives Auf-seine-Ziele-hin-Arbeiten mehr Kompetenz als auf sich zu achten. Wir wissen dieses, da die Forschung gezeigt hat, dass Klienten bei dem Item *„Ich arbeite auf ein Ziel hin"* seltener die Bewertung *„Ich kann das sehr gut"* geben als bei *„Ich achte auf mich"*. Wenn man also einen genauen Wert für Kompetenz ermitteln will, muss der Unterschied zwischen den Kompetenzebenen, den diese zwei Items zeigen, bedacht werden. Einfach Bewertungen zu addieren berücksichtigt dies nicht; es behandelt jedes Item fälschlicherweise, als würde es die gleiche Menge Kompetenz widerspiegeln.

Ein drittes Problem bei der Addition von Bewertungen sind fehlende Daten. Um alle Bewertungen zu einem Wert zusammenzählen zu können, müssen alle Items der Skala bewertet worden sein. Wenn ein Klient ein bestimmtes Item nicht bewertet (was im OSA häufig der Fall ist), ist es unmöglich, eine Gesamtsumme durch Addition der Bewertungen zu erhalten, denn die nicht bewerteten Items verringern die Summe auf künstliche Art.

Den OSA-Bewertungsschlüssel verstehen

Um brauchbare Zahlen aus ordinalen Bewertungen von Items, die unterschiedliche Mengen eines gemessenen Merkmals widerspiegeln, abzuleiten, müssen die Rohdaten in Intervalllevel-Messungen umgewandelt werden. Die Analyse nach Rasch (Rasch, 1980), die zur Erforschung und Entwicklung des OSA benutzt wurde, errechnet solche Intervallmaßeinheiten. Für eine Analyse nach Rasch müssen die Rohdaten jedoch in den Computer eingegeben und zusammen mit den Daten von anderen Probanden analysiert werden.

Die OSA-Bewertungsschlüsselbögen wenden eine neue von Fisher (1999) entwickelte Technik an, die es Therapeuten erlaubt, die vom Klienten ausgehenden ordinalen Bewertungen in Intervallmesswerte umzuwandeln. Die Entwicklung der OSA-Bewertungsschlüsselbögen basiert auf vorausgegangenen Forschungen mit großer Probandenzahl.

Die OSA-Bewertungsschlüsselbögen liefern einen

schnellen und effizienten Weg, um aussagekräftige und mathematisch brauchbare Werte aus ordinalen Bewertungen, die der Klient macht, zu erhalten. Diese Bewertungsschlüsselbögen können solche Werte liefern, auch wenn der Klient nicht alle Items bewertet.

Vorteile der Verwendung des OSA-Bewertungsschlüssels

Der OSA-Bewertungsschlüssel hat folgende Vorteile:
1. Er erstellt Intervalllevelwerte aus den Bewertungen des Klienten, ohne die Notwendigkeit einer Computeranalyse.
2. Er ermöglicht es, einen Wert zu ermitteln, auch wenn Daten fehlen (z. B. wenn ein oder mehrere Items nicht bewertet wurden).
3. Er ermöglicht es dem Therapeuten, zu identifizieren, wann die Bewertungen einer Person im OSA vom üblichen Bewertungsmuster abweichen. Solche Abweichung ist oft hilfreich, um die Antworten eines Klienten zu interpretieren.

Anleitung zum Ausfüllen der OSA-Bewertungsschlüsselbögen

Für die folgenden Ausführungen wurde die Betätigungskompetenzskala verwendet. Allerdings ist die Vorgehensweise identisch für den Bewertungsschlüsselbogen für Wichtigkeit.

Benutzung des Bewertungsschlüsselbogens zur Wertermittlung, nachdem alle Items bewertet wurden

(Siehe Beispiel 1, S. 55) Der Bewertungsschlüsselbogen kann vom Therapeuten ausgefüllt werden oder in Zusammenarbeit mit dem Klienten, nachdem der Klient den OSA Erhebungsbogen ausgefüllt hat.

1. Drehen Sie den OSA-Bewertungsschlüssel auf die Seite (Querformat), damit die Items einfach zu lesen sind.
2. Tragen Sie die Bewertungen des Klienten für jedes Item in die Spalte „Bewerten Sie den Klienten hier" ein. Dafür muss man die Antworten des Klienten als Zahl eintragen.

Für den OSA-Kompetenz-Bewertungsschlüssel sind die Zahlen wie folgt den Bewertungen zugeordnet:
- ☐ Das kann ich sehr gut = 4
- ☐ Das kann ich gut = 3
- ☐ Das fällt mir schwer = 2
- ☐ Das fällt mir sehr schwer = 1

Für den OSA-Wichtigkeits-Bewertungsschlüssel sind die Zahlen den Bewertungen wie folgt zugeordnet:
- ☐ Das ist mir sehr wichtig = 4
- ☐ Das ist wichtiger für mich = 3
- ☐ Das ist wichtig für mich = 2
- ☐ Das ist nicht so wichtig für mich = 1

3. Wenn alle Items vom Klienten bewertet worden sind, addieren Sie die einzelnen Bewertungen und notieren Sie diese unter „Summe".
4. Drehen Sie das Formular aufrecht (Hochformat), sodass Sie die 2 Lineale gut sehen können (sie erscheinen nun auf der rechten Seite).
5. Sie finden die „Summe", die Sie ermittelt haben, in der ersten Spalte des Lineals.
6. Dann schauen Sie die dazugehörigen Zahlen in den zwei folgenden Spalten an. Die mittlere Spalte (gekennzeichnet mit „Klientenwert") ist der Messwert des Klienten – basierend auf einer 100-Punkte-Skala, auf der 0 die kleinstmögliche und 100 die größtmögliche Betätigungskompetenz ist, die mit dieser Bewertungsskala festgehalten werden kann. Der Messwert ist die Bewertung des Klienten auf dem OSA-Kompetenz- oder Wichtigkeits-Bewertungsschlüssel, er fungiert als ein Lineal, um zu messen, wie viel Kompetenz oder Wichtigkeit ein Klient beim Ausfüllen des Bogens gezeigt hat. Die zweite Zahl ist der Standardfehler des Wertes (gekennzeichnet mit „Standardfehler"). Er zeigt, wie genau der Wert des Klienten ist. Zum Beispiel, wenn der Standardfehler 2 beträgt und der gemessene Wert 55, dann kann man mit relativer Sicherheit sagen, dass der Klientenwert irgendwo zwischen 53 und 57 liegt.
7. Tragen Sie den Klientenwert und den Standardfehler unter „Klientenwert (Kompetenz)"/„Klientenwert (Wichtigkeit)" und „Standardfehler" ein.

Wenn man zum Beispiel den OSA-Kompetenz-Bewertungsschlüssel basierend auf den Antworten des Klienten ausfüllt und durch Addition der Items einen Gesamtrohwert von 46 erhält, dann ist der Klientenwert (d. h., Intervallwert) 42 und der Standardfehler dieser Zahl 2.

Man sieht, dass der Standardfehler zu den Enden der Skala hin steigt und in der Mitte der Skala am kleinsten ist.

Dieses liegt darin begründet, dass, wenn ein Klient die höchste oder niedrigste Bewertung abgibt (Einsen oder Vieren), die Kompetenz der Person theoretisch höher als eine 4 („Das kann ich sehr gut") oder niedriger als eine 1 („Das fällt mir schwer") sein könnte. Daraus ergibt sich, dass Einsen und Vieren als Spannweite (z. B. 1…1 und 4…4) – im Gegensatz zu einem einzelnen Punkt – wie Bewertungen von 2 und 3 dargestellt sind.

Ermittlung eines Klientenwertes, wenn Daten fehlen
(Siehe Beispiel 2, S. 56)

Wenn Klienten nicht alle Items bewertet haben, dann ist die Vorgehensweise anders und man addiert die Rohwerte nicht. Stattdessen:

1. Kreisen Sie zuerst die zugehörigen Zahlen für die Items, die der Klient bewertet hat, ein. Für den Kompetenz-Bewertungsschlüssel sind den Bewertungen folgende Zahlen zugeordnet:
    ☐ Das kann ich sehr gut = 4
    ☐ Das kann ich gut = 3
    ☐ Das fällt mir schwer = 2
    ☐ Das fällt mir sehr schwer = 1

Für den Wichtigkeits-Bewertungsschlüssel sind den Bewertungen folgende Zahlen zugeordnet:
    ☐ Das ist mir sehr wichtig = 4
    ☐ Das ist wichtiger für mich = 3
    ☐ Das ist wichtig für mich = 2
    ☐ Das ist nicht so wichtig für mich = 1

2. Ziehen Sie in der Mitte der eingekreisten Bewertungen nach Augenmaß eine Linie quer durch den Bewertungsschlüsselbogen (im Falle von Einsen und Vieren, die eingekreist wurden, müssen Sie einen Punkt in diesem Kreis wählen, den Sie als den ansehen, wo die Bewertung liegt).

Um dieses zu tun, sollten Sie die Mitte der Bewertungen als den Punkt ansehen, der am besten den anderen Bewertungen entspricht. Wenn die meisten Bewertungen Zweien und Dreien sind, dann ziehen Sie die Linie durch die Mitte dieser Bewertungsgruppe zwischen den Zweien und Dreien. Falls die Bewertungen hauptsächlich extreme Werte wie Vieren und Einsen sind, dann wäre die Mitte dieser Werte der extremste Punkt auf der Skala. Wenn zum Beispiel alle Bewertungen Vieren sind, dann wählen Sie den äußeren Teil der Vierer-Spannweite als Mittelpunkt, wenn Sie die Linie für die Bewertungen ziehen. Oder, wenn die Hälfte der Bewertungen Einsen sind und die andere Hälfte Zweien, dann wählen Sie einen Punkt in der Einer-Spannweite näher zu den Zweien als die Mitte, wenn Sie die Linie für die Bewertungen ziehen. Unter diesen Umständen Bewertungen vorzunehmen, liegt im eigenen Ermessen.

3. Die Linie, die Sie ziehen, wird einen Klientenwert (gekennzeichnet mit „Klientenwert" in dem Lineal direkt unter der Item-Bewertung) und den dazugehörigen Standardfehler (gekennzeichnet mit „Standardfehler" in dem Lineal direkt unter der Item-Bewertung) durchkreuzen, wie in Beispiel 2 gezeigt.

4. Drehen Sie das Formular hochkant (Hochformat), sodass Sie die 2 Lineale leicht sehen können (Sie benutzen das linke Lineal im Hochformat).

5. Schauen Sie auf den Klientenwert und den Standardfehler, die von Ihrer Linie geschnitten werden. Notieren Sie die Zahlen an den mit „Klientenwert (Kompetenz)"/„Klientenwert (Wichtigkeit)" und „Standardfehler" gekennzeichneten Stellen.

In Beispiel 2 ergibt die gezogene Linie einen Klientenwert von 44 und einen Standardfehler von 2.

Die Genauigkeit eines Wertes, der auf diese Weise ermittelt wurde, hängt davon ab, wie viele fehlende (oder unerwartete) Datenpunkte es gibt und wie sorgfältig die Linie gezeichnet wurde. Wenn mehr als 3 Items nicht bewertet wurden oder dem zu erwartenden Muster nicht entsprechen (siehe den folgenden Absatz über unerwartete Bewertungsmuster), ist es eine gute Regel, zu der Schlussfolgerung zu kommen, dass Sie nicht genügend Informationen haben, um einen Klientenwert durch den Bewertungsschlüsselbogen zu erhalten. Die Antworten des Klienten auf dem OSA Erhebungsbogen geben aber immer noch wichtige klinische Informationen zur Planung der Intervention.

Untersuchung von Wertemustern
(Siehe Beispiel 3, S. 57)
Zusätzlich zur Addition der Werte und Ermittlung des Klientenwertes aus den Bewertungen der Items ist es hilfreich, die Zahlen einzukreisen, um zu sehen, was für ein Muster sich ergibt. Zwei Dinge können so leicht festgestellt werden: Erstens, wenn das Muster der Bewertungen einer Person komplett oder zum größten Teil in den Extremen liegt (d.h., alle oder die meisten Werte sind 1, wie *„Das fällt mir sehr schwer"* oder *„Das ist nicht so wichtig für mich"* oder 4, wie *„Das kann ich sehr gut"* oder *„Das ist mir sehr wichtig"*), dann zeigt die Person wahrscheinlich einen Decken- oder Bodeneffekt – was bedeutet, er oder sie hat entweder mehr oder weniger Kompetenz oder misst dem Item mehr oder weniger Wichtigkeit zu, als es diese Skala messen kann.

Zweitens kann die Skala zeigen, ob eine Person ein ungewöhnliches Bewertungsmuster hat. Wie vorher schon erwähnt, ist es zu erwarten, dass Personen höhere Werte bei Items erzielen, die eine geringere Kompetenz repräsentieren als bei Items, die eine höhere Kompetenz repräsentieren. Dies ist ähnlich der Erwartung, dass bei einem Mathematiktest mehr Personen die Aufgabe 2 + 2 lösen als die Aufgabe 3798 × 2321. Die letzte Aufgabe repräsentiert einen höheren Grad an mathematischer Fähigkeit. Falls jemand 2 + 2 falsch löst und 3798 × 2321 richtig, würden wir wissen wollen, warum. Genauso sollten wir nachforschen, warum jemand von den zu erwartenden Bewertungsmustern der OSA-Items abweicht.

Die OSA-Kompetenz- und Wichtigkeits-Items bilden eine Hierarchie in drei Bereichen:

- Grundbedürfnisse
- Alltag und Verpflichtungen
- Zufriedenheit, Vergnügen und Selbstverwirklichung

Die Forschung zeigt, dass Items, die sich auf die Grundbedürfnisse beziehen, leichter gut durchzuführen sind und eher einen hohen Grad an Wichtigkeit zugewiesen bekommen. Ähnlich sind Items, die sich auf Zufriedenheit, Vergnügen und Selbstverwirklichung beziehen, schwieriger auf eine kompetente Art durchzuführen und die Wahrscheinlichkeit, dass sie einen höheren Grad an Wichtigkeit zugeschrieben bekommen, ist geringer. Die Tabellen 5-1 und 5-2 (S. 58) listen die OSA-Items bezüglich ihres Platzes in der Kompetenz- und Wichtigkeitshierarchie auf. Die meisten Klienten werden auf diese Art die OSA-Kompetenz- und Wichtigkeits-Items beantworten.

Zum Beispiel gab eine Klientin für zwei Items der OSA-Kompetenzskala, die eher kompetent auszuführen sein sollten, nämlich *„Ich achte auf mich"*, *„Ich achte auf meine Grundbedürfnisse"*, die Bewertung *„Das fällt mir sehr schwer"* ab, was sich in einen numerischen Wert von „1" übertragen lässt, während der Rest der Items meistens Zweien erhalten hat, auch Items, die normalerweise schwerer kompetent durchzuführen sind. Dieses Antwortmuster der Klientin spiegelt die Tatsache wider, dass die Klientin als Folge ihrer Diabetes vor Kurzem eine Amputation hatte. Als Folge dessen hat sie Schwierigkeiten, an Aktivitäten teilzunehmen, die Gleichgewicht und kontinuierliche Mobilität erfordern, wie die Ausführung alltäglicher Routinehandlungen in der Selbstversorgung und Einkaufen. In der Zwischenzeit haben die Antworten der Klientin im OSA und die daraus folgende Diskussion mit dem Therapeuten gezeigt, dass die Klientin das Gefühl hat, ihre Schwierigkeiten zu meistern, indem sie Familie und Freunde um Unterstützung bittet, kreative Ideen entwickelt, um Dinge zu erledigen und sich jeden Tag Prioritäten setzt.

Wenn die Antworten eines Klienten von den zu erwartenden Mustern abweichen, wie in Beispiel 3, sollten die OSA-Bewertungsschlüsselbögen mit Vorsicht benutzt werden. Weicht das Antwortmuster eines Klienten drastisch von den normalen Mustern ab, sollte der Therapeut den Klientenwert und den Standardfehler des Klienten mit Bedacht auswerten. Sind die Antworten des Klienten sehr ungewöhnlich, sollte der Therapeut mit dem Klienten überprüfen, ob die Bedeutung der Items klar war und die Antworten richtig waren. Eine Möglichkeit die Bewertungsschlüsselbögen auch dann zu benutzen, wenn das Antwortmuster des Klienten nicht mit der Item-Hierarchie übereinstimmt, wäre, die Items mit „ungewöhnlichen" Bewertungen auszulassen und nur die anderen Items zu benutzen, um den Klientenwert der Person abzuschätzen. In diesem Fall werden die Items mit den „ungewöhnlichen" Bewertungen genauso wie fehlende Daten behandelt. Wird diese Option genutzt, wertet man den Bewertungsschlüsselbogen mit den überbleibenden Items nach der Linienmethode aus, wie es weiter oben in diesem Kapitel beschrieben wurde.

Als Hilfe zum Identifizieren ungewöhnlicher Bewertungsmuster kann die „OSA-Item-Hierarchie" aus Anhang G benutzt werden. Allerdings werden Therapeuten, die das OSA nutzen, mit der Zeit mit den gewöhnlichen Antwortmustern vertraut.

Sogar Klienten mit unerwarteten Antwortmustern teilen dem Therapeuten wichtige klinische Informationen durch das OSA mit. Bei der Interpretation der Antworten im OSA sollte der Therapeut immer die individuellen Umstände jedes Klienten bedenken. Wenn aber das Bewertungsmuster des Klienten keinen Sinn macht, ist es am besten, den Klientenwert nicht zu ermitteln.

Benutzung des OSA-Bewertungsschlüssels zur Dokumentation der Ergebnisse

Das OSA kann vom Klienten selbst durchgeführt und zur Bestimmung des Ergebniswertes verwendet werden, wenn Klientenwerte mithilfe der OSA-Bewertungsschlüsselbögen ermittelt werden. Allerdings können Veränderungen des Klientenwertes mit der Zeit durch andere Faktoren als Veränderungen beim Klienten selbst bedingt sein. Die Schwierigkeit der Items kann sich z. B. mit der Zeit verändern und die Bedeutung der Bewertungsskala kann sich ebenfalls wandeln. Für die Wiederholungsmessung der OSA-Werte wurde erforscht, ob Kompetenz- und Wichtigkeits-Items und die Bewertungsskala über die Zeit stabil sind und dadurch die Klientenwerte ihre „Bedeutung" mit der Zeit beibehalten (z. B. repräsentiert ein höherer Kompetenzwert tatsächlich eine Steigerung der Betätigungskompetenz).

Die Kompetenz-Bewertungsskala und -Items wurden als über die Zeit stabil bleibend befunden. Daraus folgt, dass ein direkter Vergleich der Klientenwerte eine verlässliche Beurteilung der Veränderung bietet. Die Schwierigkeit der Wichtigkeits-Items war ebenfalls von Zeitpunkt 1 bis Zeitpunkt 2 ähnlich, was zeigt, dass der Grad der Wichtigkeit bestimmter Betätigungen mit der Zeit stabil bleibt. Allerdings gab es einen signifikanten Unterschied in den Antwortkategorien der Wichtigkeitsbewertungsskala im Verlauf der Zeit. Obwohl die Bewertungskategorien ihre Bedeutung behielten (z. B. *„Das ist wichtiger für mich"* zeigt immer einen höheren Grad an Wichtigkeit an als *„Das ist wichtig für mich"*), veränderte sich die Benutzung der Antwortkategorien mit der Zeit. Während der ersten Durchführung des OSA benutzten die Klienten die Antwortkategorie *„Das ist wichtiger für mich"* öfter als Antwort auf Items, während sie in der zweiten Durchführung häufiger die Antwort *„Das ist mir wichtig"* für Items benutzten als in der ersten Durchführung. Da die Wichtigkeits-Items über Zeit stabil bleiben und die Anordnung der Antwortkategorien über Zeit stabil bleibt, bietet der direkte Vergleich der Klientenwerte dem Therapeuten und dem Klienten trotzdem wichtige Informationen.

Literatur

Fisher A. (1999). Assessment of Motor and Process Skills (3rd Edition), Ft. Collins, CO: Three Star Press.

Rasch, G. (1980). Probabilistic models for some intelligence and attainment tests. Chicago: University of Chicago Press.

OSA-Kompetenz-Bewertungsschlüssel – Beispiel 1

Bewerten Sie den Klienten hier	Item	1	2	3	4
2	Ich kann mich auf meine Aufgaben konzentrieren.	1	2	3	4
2	Ich bin körperlich in der Lage zu tun, was nötig ist.	1	2	3	4
2	Ich halte meine Wohnung in Ordnung.	1	2	3	4
3	Ich achte auf mich.	1	2	3	4
3	Ich kümmere mich um Menschen, für die ich verantwortlich bin.	1	2	3	4
2	Ich erreiche Orte, an die ich gehen muss.	1	2	3	4
2	Ich regele meine Finanzen.	1	2	3	4
3	Ich achte auf meine Grundbedürfnisse (Essen, Medikamente).	1	2	3	4
2	Ich kann mich anderen gegenüber ausdrücken.	1	2	3	4
3	Ich komme mit anderen zurecht.	1	2	3	4
2	Ich erkenne Probleme und kann sie lösen.	1	2	3	4
1	Ich kann etwas mit mir selbst anfangen.	1	2	3	4
2	Ich tue, was erforderlich ist.	1	2	3	4
1	Ich habe einen Tagesablauf, der mir zusagt.	1	2	3	4
3	Ich erledige die Dinge, für die ich verantwortlich bin.	1	2	3	4
2	Ich bin eingebunden, z. B. als Student, Arbeitnehmer, arbeite ehrenamtlich und/oder als Familienmitglied.	1	2	3	4
2	Ich führe Tätigkeiten aus, die ich mag.	1	2	3	4
2	Ich arbeite auf meine Ziele hin.	1	2	3	4
3	Ich treffe Entscheidungen nach dem, was ich für wichtig halte.	1	2	3	4
2	Ich erreiche, was ich mir vorgenommen habe.	1	2	3	4
2	Ich nutze meine Fähigkeiten effektiv.	1	2	3	4

Summe __46__

Klientenwert __42__

Standardfehler __2__

Klientenauswertung hier. Item-Bewertung einkreisen und Linie ziehen. →

OSA-Kompetenz-Bewertungsschlüssel – Beispiel 2

Klientenauswertung hier. Item-Bewertung einkreisen und Linie ziehen. →

Bewerten Sie den Klienten hier	Item	1	2	3	4
2	Ich kann mich auf meine Aufgaben konzentrieren.	1	②	3	4
2	Ich bin körperlich in der Lage zu tun, was nötig ist.	1	②	3	4
2	Ich halte meine Wohnung in Ordnung.	1	②	3	4
3	Ich achte auf mich.	1	2	③	4
3	Ich kümmere mich um Menschen, für die ich verantwortlich bin.	1	2	3	4
2	Ich erreiche Orte, an die ich gehen muss.	1	②	3	4
2	Ich regele meine Finanzen.	1	②	3	4
3	Ich achte auf meine Grundbedürfnisse (Essen, Medikamente).	1	2	③	4
2	Ich kann mich anderen gegenüber ausdrücken.	1	②	3	4
3	Ich komme mit anderen zurecht.	1	②	3	4
2	Ich erkenne Probleme und kann sie lösen.	1	②	3	4
1	Ich kann etwas mit mir selbst anfangen.	1	②	3	4
2	Ich tue, was erforderlich ist.	①	2	3	4
1	Ich habe einen Tagesablauf, der mir zusagt.	1	2	3	4
3	Ich erledige die Dinge, für die ich verantwortlich bin.	1	②	3	4
2	Ich bin eingebunden, z. B. als Student, Arbeitnehmer, arbeite ehrenamtlich und/oder als Familienmitglied.	1	②	3	4
2	Ich führe Tätigkeiten aus, die ich mag.	1	②	3	4
2	Ich arbeite auf meine Ziele hin.	1	②	3	4
3	Ich treffe Entscheidungen nach dem, was ich für wichtig halte.	1	2	③	4
2	Ich erreiche, was ich mir vorgenommen habe.	1	2	③	4
2	Ich nutze meine Fähigkeiten effektiv.	1	②	3	4

Summe __46__

Klientenwert __42__

Standardfehler __2__

OSA-Kompetenz-Bewertungsschlüssel – Beispiel 3

Klientenauswertung hier. Item-Bewertung einkreisen und Linie ziehen. →

Bewerten Sie den Klienten hier				
Ich kann mich auf meine Aufgaben konzentrieren.	2	1	2	3	4
Ich bin körperlich in der Lage zu tun, was nötig ist.	2	1	②	3	4
Ich halte meine Wohnung in Ordnung.	2	1	②	3	4
Ich achte auf mich.	3	1	2	3	4
Ich kümmere mich um Menschen, für die ich verantwortlich bin.	3	1	②	3	4
Ich erreiche Orte, an die ich gehen muss.	2	1	②	3	4
Ich regele meine Finanzen.	2	1	②	3	4
Ich achte auf meine Grundbedürfnisse (Essen, Medikamente).	3	1	2	③	4
Ich kann mich anderen gegenüber ausdrücken.	2	1	②	3	4
Ich komme mit anderen zurecht.	3	1	2	③	4
Ich erkenne Probleme und kann sie lösen.	2	1	②	3	4
Ich kann etwas mit mir selbst anfangen.	1	1	②	3	4
Ich tue, was erforderlich ist.	2	1	2	3	4
Ich habe einen Tagesablauf, der mir zusagt.	1	1	②	3	4
Ich erledige die Dinge, für die ich verantwortlich bin.	3	1	2	③	4
Ich bin eingebunden, z. B. als Student, Arbeitnehmer, arbeite ehrenamtlich und/oder als Familienmitglied	2	1	②	3	4
Ich führe Tätigkeiten aus, die ich mag.	2	1	②	3	4
Ich arbeite auf meine Ziele hin.	2	1	②	3	4
Ich treffe Entscheidungen nach dem, was ich für wichtig halte.	3	1	2	③	4
Ich erreiche, was ich mir vorgenommen habe.	2	1	②	3	4
Ich nutze meine Fähigkeiten effektiv.	2	1	②	3	4

Summe __46__

Klientenwert __42__

Standardfehler __2__

Verwendung der OSA-Bewertungsschlüsselbögen

Tabelle 5-1: OSA-Items-Hierarchie – Kompetenz

Grundbedürfnisse
- Ich achte auf mich
- Ich achte auf meine Grundbedürfnisse (Essen, Medikamente)
- Ich komme mit anderen zurecht
- Ich erreiche Orte, an die ich gehen muss
- Ich kümmere mich um Menschen, für die ich verantwortlich bin

Alltag und Verpflichtungen
- Ich tue, was erforderlich ist
- Ich treffe Entscheidungen nach dem, was ich für wichtig halte
- Ich erkenne Probleme und kann sie lösen
- Ich kann mich auf meine Aufgaben konzentrieren
- Ich bin eingebunden, z. B. als Student, Arbeitnehmer, etc.
- Ich regele meine Finanzen
- Ich halte meine Wohnung in Ordnung
- Ich nutze meine Fähigkeiten effektiv
- Ich kann mich anderen gegenüber ausdrücken

Zufriedenheit, Vergnügen, Selbstverwirklichung
- Ich erreiche, was ich mir vorgenommen habe
- Ich arbeite auf meine Ziele hin
- Ich führe Tätigkeiten aus, die ich mag
- Ich tue, was erforderlich ist
- Ich bin körperlich in der Lage zu tun, was nötig ist
- Ich kann etwas mit mir selbst anfangen
- Ich habe einen Tagesablauf, der mir zusagt

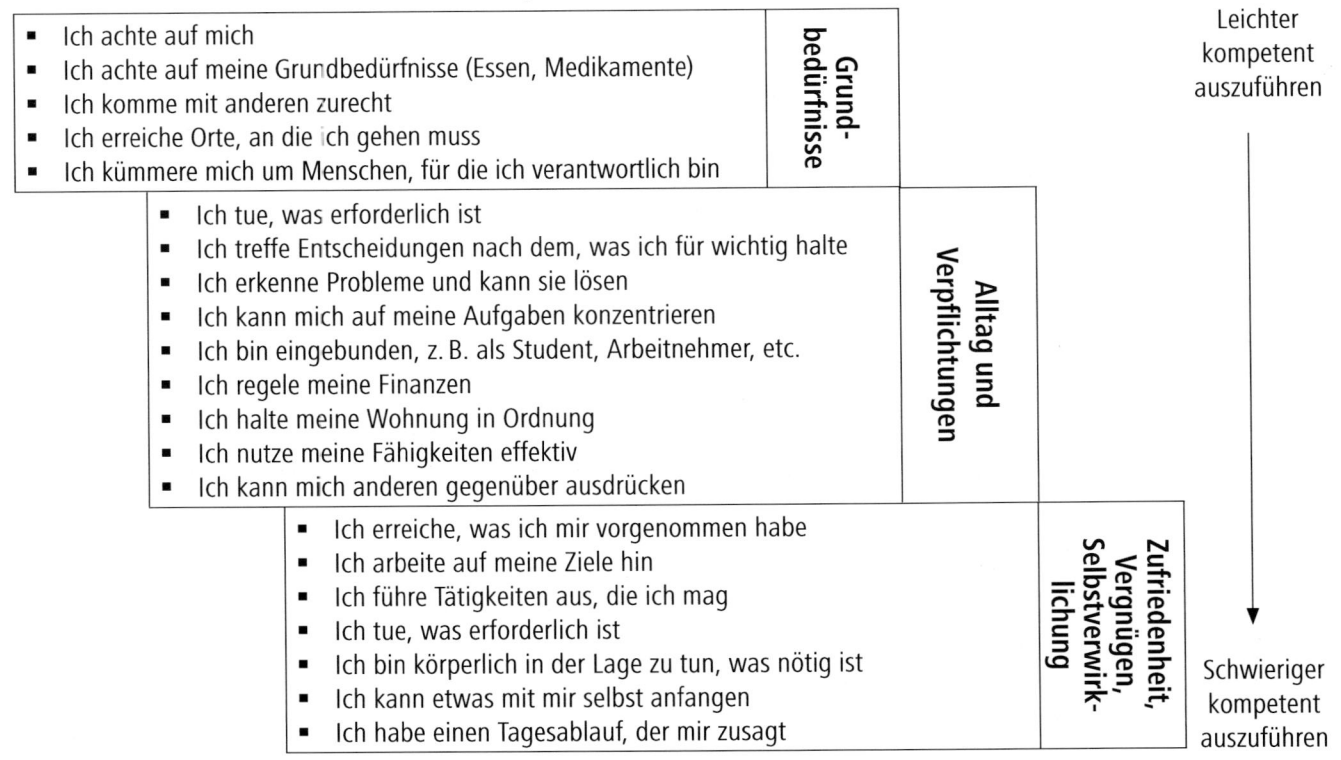

↓ Leichter kompetent auszuführen → Schwieriger kompetent auszuführen

Tabelle 5-2: OSA-Items-Hierarchie – Wichtigkeit

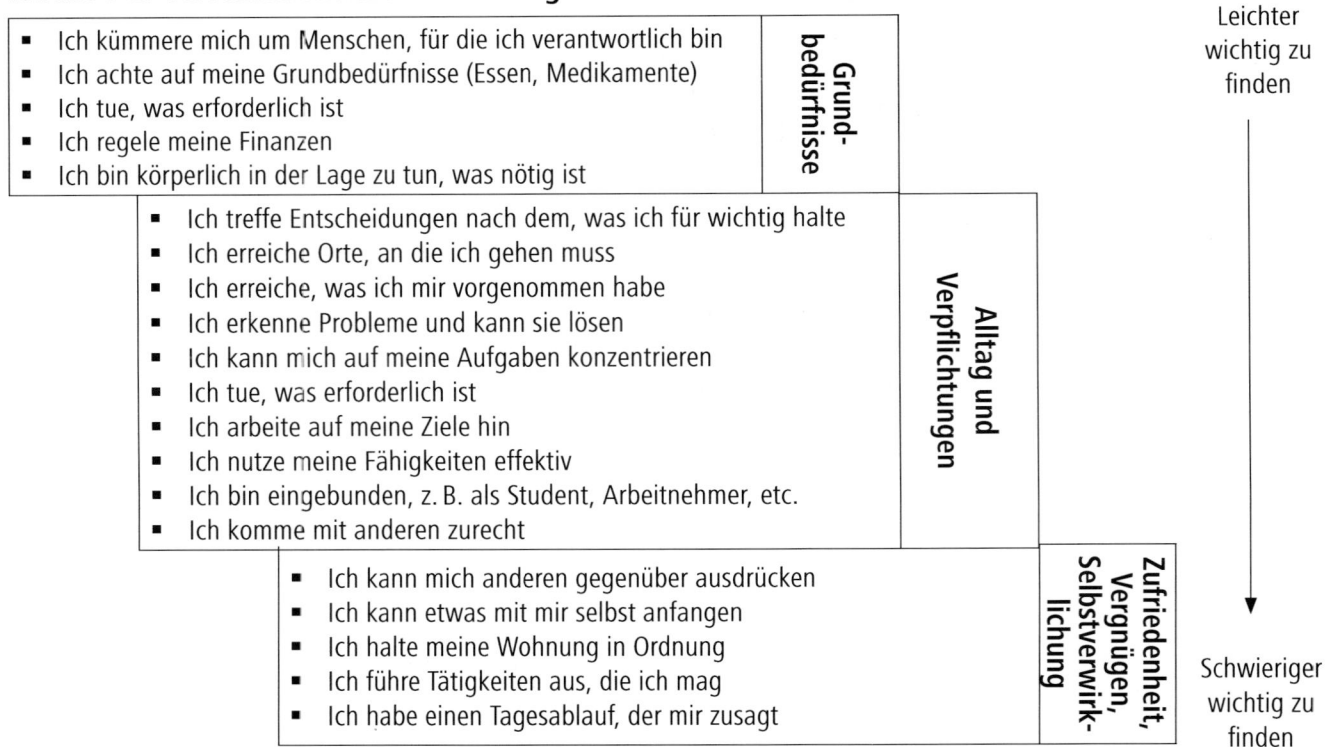

Grundbedürfnisse
- Ich kümmere mich um Menschen, für die ich verantwortlich bin
- Ich achte auf meine Grundbedürfnisse (Essen, Medikamente)
- Ich tue, was erforderlich ist
- Ich regele meine Finanzen
- Ich bin körperlich in der Lage zu tun, was nötig ist

Alltag und Verpflichtungen
- Ich treffe Entscheidungen nach dem, was ich für wichtig halte
- Ich erreiche Orte, an die ich gehen muss
- Ich erreiche, was ich mir vorgenommen habe
- Ich erkenne Probleme und kann sie lösen
- Ich kann mich auf meine Aufgaben konzentrieren
- Ich tue, was erforderlich ist
- Ich arbeite auf meine Ziele hin
- Ich nutze meine Fähigkeiten effektiv
- Ich bin eingebunden, z. B. als Student, Arbeitnehmer, etc.
- Ich komme mit anderen zurecht

Zufriedenheit, Vergnügen, Selbstverwirklichung
- Ich kann mich anderen gegenüber ausdrücken
- Ich kann etwas mit mir selbst anfangen
- Ich halte meine Wohnung in Ordnung
- Ich führe Tätigkeiten aus, die ich mag
- Ich habe einen Tagesablauf, der mir zusagt

↓ Leichter wichtig zu finden → Schwieriger wichtig zu finden

Anhang

A	Basischritte zur Anwendung des OSA	60
B	Richtlinien zur Anwendung des OSA	61
	Den Klienten mit dem Sinn, der Struktur und den Fragen des OSA vertraut machen	61
	Erklären der Anleitung, wie das OSA auszufüllen ist	61
C	OSA – Ich über mich	62
D	Ergotherapeutischer Behandlungsplan	64
	Veränderungswünsche/Problembereiche	64
	Fernziele/Nahziele	65
	Ziele/Umsetzungsplan	66
E	OSA-Follow-up-Untersuchung Ich über mich	67
F	OSA-Ergebnisbogen – Erstanwendung	69
	OSA-Ergebnisbogen – Fortschritt-/Abschlussergebnisse	70
G	OSA-Kompetenz-Bewertungsschlüssel	71
	OSA-Wichtigkeits-Bewertungsschlüssel	72
	Verwendung der OSA-Item-Hierarchie	73
	OSA-Item-Hierarchie: Kompetenz-Items	74
	OSA-Item-Hierarchie: Wichtigkeits-Items	75
H	Glossar	76
I	Konzepte und zugehörige Items	78
J	Beschreibung des „Meine Umwelt"-Bogens, der Items und ihrer Bedeutung	79
	OSA – Meine Umwelt	81
	Follow-up-Bogen – OSA – Meine Umwelt	82

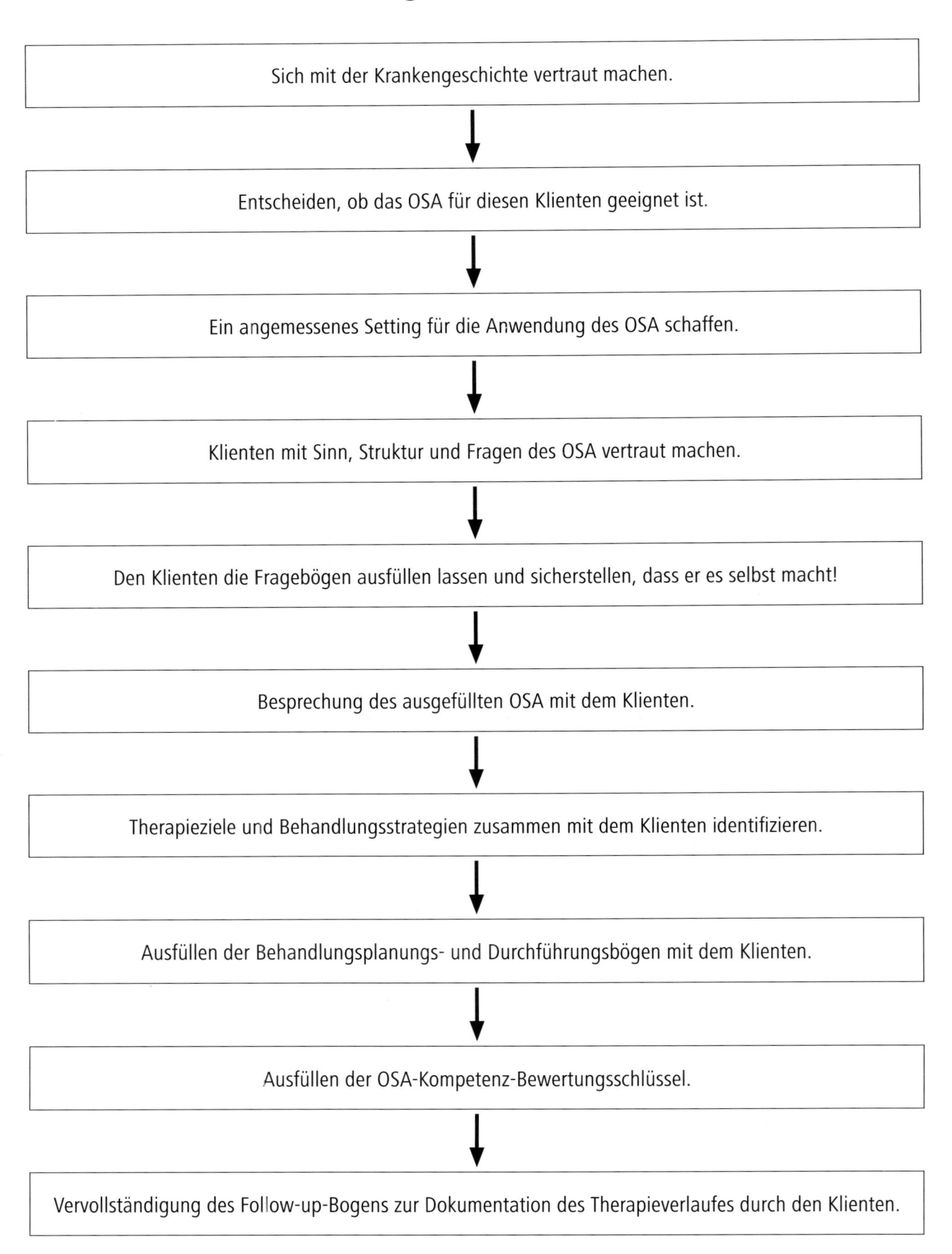

Basisschritte zur Anwendung des OSA

Sich mit der Krankengeschichte vertraut machen.

↓

Entscheiden, ob das OSA für diesen Klienten geeignet ist.

↓

Ein angemessenes Setting für die Anwendung des OSA schaffen.

↓

Klienten mit Sinn, Struktur und Fragen des OSA vertraut machen.

↓

Den Klienten die Fragebögen ausfüllen lassen und sicherstellen, dass er es selbst macht!

↓

Besprechung des ausgefüllten OSA mit dem Klienten.

↓

Therapieziele und Behandlungsstrategien zusammen mit dem Klienten identifizieren.

↓

Ausfüllen der Behandlungsplanungs- und Durchführungsbögen mit dem Klienten.

↓

Ausfüllen der OSA-Kompetenz-Bewertungsschlüssel.

↓

Vervollständigung des Follow-up-Bogens zur Dokumentation des Therapieverlaufes durch den Klienten.

Anhang B

Richtlinien zur Anwendung des OSA

Den Klienten mit dem Sinn, der Struktur und den Fragen des OSA vertraut machen

- Als Hilfe für den Therapeuten, um die Sichtweisen des Klienten über seine eigene Lebenssituation kennenzulernen.
- Es dem Klienten erlauben, über seine Stärken, Schwächen und Werte nachzudenken und darüber zu sprechen.
- Eine systematische Denkweise anbieten, damit der Klient überlegen und entscheiden kann, welche Dinge er in seinem Leben ändern möchte.
- Dem Klienten die Möglichkeit geben, in Zusammenarbeit mit dem Therapeuten die Therapieziele und Behandlungsschritte zu entwickeln.
- Den Klienten ermächtigen, seine Therapie zu beeinflussen.

Erklären der Anleitung, wie das OSA auszufüllen ist

- Der Klient sollte jedes Item anhand seiner durchschnittlichen Ausführung bewerten.
- Der Klient sollte den üblichen Kontext, der für das jeweilige Item zutrifft, beachten.
- Wenn ein Item nicht zutrifft, dann ist es durchzustreichen und das nächste zu beantworten.
- Wenn sich ein Klient nicht sicher ist, wie ein Item zu bewerten ist, dann sollte er eine Antwort wählen und auf Wunsch diese in der dafür vorgesehenen Spalte kommentieren.
- Der Klient kann entweder jeweils *Schritt 1* und *Schritt 2* für jedes Item beantworten, bevor er zur nächsten Aussage übergeht, oder aber *Schritt 1* für alle Items beantworten und danach *Schritt 2* für alle Aussagen bearbeiten.
- Zu *Schritt 3* sollte erst übergegangen werden, wenn *Schritt 1* und *Schritt 2* beantwortet sind.
- Der Therapeut darf nur einfache, klärende Antworten zu den Items geben oder dazu, wie die Bögen zu beantworten sind, damit die Gültigkeit der Selbstanwendung erhalten bleibt.

OSA – Ich über mich

Name: _____ Datum: _____

Schritt 1:
Hier sind Aussagen über alltägliche Verrichtungen aufgelistet. Markieren Sie bitte in den Kästchen, wie gut Sie diese ausführen. Wenn Sie denken, dass eine Aussage auf Sie nicht zutrifft, dann streichen Sie sie durch und machen bei der nächsten weiter.

Schritt 2:
Markieren Sie jetzt bitte in den Kästchen, wie wichtig die Aussagen für Sie sind.

Schritt 3: Wählen Sie nun bitte bis zu 4 Punkte aus, die Sie gerne ändern würden. Sie können hier auch Bemerkungen machen.

	Das fällt mir sehr schwer	Das fällt mir schwer	Das kann ich gut	Das kann ich sehr gut	Das ist nicht so wichtig für mich	Das ist wichtig für mich	Das ist wichtiger für mich	Das ist mir sehr wichtig	Ich würde gerne ändern:
Ich kann mich auf meine Aufgaben konzentrieren.	sehr schwer	schwer	gut	sehr gut	nicht so wichtig	wichtig	wichtiger	sehr wichtig	
Ich bin körperlich in der Lage zu tun, was nötig ist.	sehr schwer	schwer	gut	sehr gut	nicht so wichtig	wichtig	wichtiger	sehr wichtig	
Ich halte meine Wohnung in Ordnung.	sehr schwer	schwer	gut	sehr gut	nicht so wichtig	wichtig	wichtiger	sehr wichtig	
Ich achte auf mich.	sehr schwer	schwer	gut	sehr gut	nicht so wichtig	wichtig	wichtiger	sehr wichtig	
Ich kümmere mich um Menschen, für die ich verantwortlich bin.	sehr schwer	schwer	gut	sehr gut	nicht so wichtig	wichtig	wichtiger	sehr wichtig	
Ich erreiche Orte, an die ich gehen muss.	sehr schwer	schwer	gut	sehr gut	nicht so wichtig	wichtig	wichtiger	sehr wichtig	
Ich regele meine Finanzen.	sehr schwer	schwer	gut	sehr gut	nicht so wichtig	wichtig	wichtiger	sehr wichtig	
Ich achte auf meine Grundbedürfnisse (Essen, Medikamente).	sehr schwer	schwer	gut	sehr gut	nicht so wichtig	wichtig	wichtiger	sehr wichtig	
Ich kann mich anderen gegenüber ausdrücken.	sehr schwer	schwer	gut	sehr gut	nicht so wichtig	wichtig	wichtiger	sehr wichtig	
Ich komme mit anderen zurecht.	sehr schwer	schwer	gut	sehr gut	nicht so wichtig	wichtig	wichtiger	sehr wichtig	

OSA – Ich über mich (Fortsetzung)

Schritt 1:
Hier sind Aussagen über alltägliche Verrichtungen aufgelistet. Markieren Sie bitte in den Kästchen, wie gut Sie diese ausführen. Wenn Sie denken, dass eine Aussage auf Sie nicht zutrifft, dann streichen Sie sie durch und machen bei der nächsten weiter.

Schritt 2:
Markieren Sie jetzt bitte in den Kästchen, wie wichtig die Aussagen für Sie sind.

Schritt 3: Wählen Sie nun bitte bis zu 4 Punkte aus, die Sie gerne ändern würden. Sie können hier auch Bemerkungen machen.

	Das fällt mir sehr schwer	Das fällt mir schwer	Das kann ich gut	Das kann ich sehr gut	Das ist nicht so wichtig für mich	Das ist wichtig für mich	Das ist wichtiger für mich	Das ist mir sehr wichtig	Ich würde gerne ändern:
Ich erkenne Probleme und kann sie lösen.	sehr schwer	schwer	gut	sehr gut	nicht so wichtig	wichtig	wichtiger	sehr wichtig	
Ich kann etwas mit mir selbst anfangen.	sehr schwer	schwer	gut	sehr gut	nicht so wichtig	wichtig	wichtiger	sehr wichtig	
Ich tue, was erforderlich ist.	sehr schwer	schwer	gut	sehr gut	nicht so wichtig	wichtig	wichtiger	sehr wichtig	
Ich habe einen Tagesablauf, der mir zusagt.	sehr schwer	schwer	gut	sehr gut	nicht so wichtig	wichtig	wichtiger	sehr wichtig	
Ich erledige die Dinge, für die ich verantwortlich bin.	sehr schwer	schwer	gut	sehr gut	nicht so wichtig	wichtig	wichtiger	sehr wichtig	
Ich bin eingebunden, z. B. als Student, Arbeitnehmer, arbeite ehrenamtlich und/oder als Familienmitglied.	sehr schwer	schwer	gut	sehr gut	nicht so wichtig	wichtig	wichtiger	sehr wichtig	
Ich führe Tätigkeiten aus, die ich mag.	sehr schwer	schwer	gut	sehr gut	nicht so wichtig	wichtig	wichtiger	sehr wichtig	
Ich arbeite auf meine Ziele hin.	sehr schwer	schwer	gut	sehr gut	nicht so wichtig	wichtig	wichtiger	sehr wichtig	
Ich treffe Entscheidungen nach dem, was ich für wichtig halte.	sehr schwer	schwer	gut	sehr gut	nicht so wichtig	wichtig	wichtiger	sehr wichtig	
Ich erreiche, was ich mir vorgenommen habe.	sehr schwer	schwer	gut	sehr gut	nicht so wichtig	wichtig	wichtiger	sehr wichtig	
Ich nutze meine Fähigkeiten effektiv.	sehr schwer	schwer	gut	sehr gut	nicht so wichtig	wichtig	wichtiger	sehr wichtig	

OSA
Ergotherapeutischer Behandlungsplan
Veränderungswünsche/Problembereiche

Name:

Ergotherapeut/in:

Datum:

Veränderungswunsch	Problembereich
1.	1.
	2.
2.	1.
	2.
3.	1.
	2.
4.	1.
	2.

Unterschrift Klient/in   Datum

Unterschrift Ergotherapeut/in   Datum

Anhang D

OSA
Ergotherapeutischer Behandlungsplan
Fernziele/Nahziele

Name:
Ergotherapeut/in:
Datum:

Fernziele	Nahziele
1.	1.
	2.
2.	1.
	2.
3.	1.
	2.
4.	1.
	2.

Unterschrift Klient/in   Datum

Unterschrift Ergotherapeut/in   Datum

OSA
Ergotherapeutischer Behandlungsplan
Ziele/Umsetzungsplan

Name:
Ergotherapeut/in:
Datum:

Ziele	Umsetzungsplan
1.	1.
	2.
2.	1.
	2.
3.	1.
	2.
4.	1.
	2.

Unterschrift Klient/in .... Datum

Unterschrift Ergotherapeut/in .... Datum

Anhang E

OSA-Follow-up-Untersuchung
Ich über mich

Name: _____ Datum: _____

Schritt 1: Hier sind Aussagen über alltägliche Verrichtungen aufgelistet. Markieren Sie bitte in den Kästchen, wie gut Sie diese ausführen. Wenn Sie denken, dass eine Aussage auf Sie nicht zutrifft, dann streichen Sie sie durch und machen bei der nächsten weiter.	Schritt 2: Markieren Sie jetzt bitte in den Kästchen, wie wichtig die Aussagen für Sie sind.						
	Das fällt mir sehr schwer	Das fällt mir schwer	Das kann ich gut	Das kann ich sehr gut	Das ist nicht so wichtig für mich	Das ist wichtig für mich	Das ist wichtiger für mich	Das ist mir sehr wichtig
Ich kann mich auf meine Aufgaben konzentrieren.	sehr schwer	schwer	gut	sehr gut	nicht so wichtig	wichtig	wichtiger	sehr wichtig
Ich bin körperlich in der Lage zu tun, was nötig ist.	sehr schwer	schwer	gut	sehr gut	nicht so wichtig	wichtig	wichtiger	sehr wichtig
Ich halte meine Wohnung in Ordnung.	sehr schwer	schwer	gut	sehr gut	nicht so wichtig	wichtig	wichtiger	sehr wichtig
Ich achte auf mich.	sehr schwer	schwer	gut	sehr gut	nicht so wichtig	wichtig	wichtiger	sehr wichtig
Ich kümmere mich um Menschen, für die ich verantwortlich bin.	sehr schwer	schwer	gut	sehr gut	nicht so wichtig	wichtig	wichtiger	sehr wichtig
Ich erreiche Orte, an die ich gehen muss.	sehr schwer	schwer	gut	sehr gut	nicht so wichtig	wichtig	wichtiger	sehr wichtig
Ich regele meine Finanzen.	sehr schwer	schwer	gut	sehr gut	nicht so wichtig	wichtig	wichtiger	sehr wichtig
Ich achte auf meine Grundbedürfnisse (Essen, Medikamente).	sehr schwer	schwer	gut	sehr gut	nicht so wichtig	wichtig	wichtiger	sehr wichtig
Ich kann mich anderen gegenüber ausdrücken.	sehr schwer	schwer	gut	sehr gut	nicht so wichtig	wichtig	wichtiger	sehr wichtig
Ich komme mit anderen zurecht.	sehr schwer	schwer	gut	sehr gut	nicht so wichtig	wichtig	wichtiger	sehr wichtig
Ich erkenne Probleme und kann sie lösen.	sehr schwer	schwer	gut	sehr gut	nicht so wichtig	wichtig	wichtiger	sehr wichtig
Ich kann etwas mit mir selbst anfangen.	sehr schwer	schwer	gut	sehr gut	nicht so wichtig	wichtig	wichtiger	sehr wichtig
Ich tue, was erforderlich ist.	sehr schwer	schwer	gut	sehr gut	nicht so wichtig	wichtig	wichtiger	sehr wichtig
Ich habe einen Tagesablauf, der mir zusagt.	sehr schwer	schwer	gut	sehr gut	nicht so wichtig	wichtig	wichtiger	sehr wichtig
Ich erledige die Dinge, für die ich verantwortlich bin.	sehr schwer	schwer	gut	sehr gut	nicht so wichtig	wichtig	wichtiger	sehr wichtig

Schritt 1: Hier sind Aussagen über alltägliche Verrichtungen aufgelistet. Markieren Sie bitte in den Kästchen, wie gut Sie diese ausführen. Wenn Sie denken, dass eine Aussage auf Sie nicht zutrifft, dann streichen Sie sie durch und machen bei der nächsten weiter.	Schritt 2: Markieren Sie jetzt bitte in den Kästchen, wie wichtig die Aussagen für Sie sind.						
Ich bin eingebunden, z. B. als Student, Arbeitnehmer, arbeite ehrenamtlich und/ oder als Familienmitglied.	sehr schwer	schwer	gut	sehr gut	nicht so wichtig	wichtig	wichtiger	sehr wichtig
Ich führe Tätigkeiten aus, die ich mag.	sehr schwer	schwer	gut	sehr gut	nicht so wichtig	wichtig	wichtiger	sehr wichtig
Ich arbeite auf meine Ziele hin.	sehr schwer	schwer	gut	sehr gut	nicht so wichtig	wichtig	wichtiger	sehr wichtig
Ich treffe Entscheidungen nach dem, was ich für wichtig halte.	sehr schwer	schwer	gut	sehr gut	nicht so wichtig	wichtig	wichtiger	sehr wichtig
Ich erreiche, was ich mir vorgenommen habe.	sehr schwer	schwer	gut	sehr gut	nicht so wichtig	wichtig	wichtiger	sehr wichtig
Ich nutze meine Fähigkeiten effektiv.	sehr schwer	schwer	gut	sehr gut	nicht so wichtig	wichtig	wichtiger	sehr wichtig

Anhang F

OSA-Ergebnisbogen – Erstanwendung

Klient/in: _____ Geb. Datum: _____ Diagnose: _____

Ergotherapeu/in: _____ Datum: _____

„Ich über mich"	Kompetenz				Wichtigkeit				
	Das fällt mir sehr schwer	Das fällt mir schwer	Das kann ich gut	Das kann ich sehr gut	Das ist nicht so wichtig für mich	Das ist wichtig für mich	Das ist wichtiger für mich	Das ist mir sehr wichtig	Priorität
Ich kann mich auf meine Aufgaben konzentrieren.									
Ich bin körperlich in der Lage zu tun, was nötig ist.									
Ich halte meine Wohnung in Ordnung.									
Ich achte auf mich.									
Ich kümmere mich um Menschen, für die ich verantwortlich bin.									
Ich erreiche Orte, an die ich gehen muss.									
Ich regele meine Finanzen.									
Ich achte auf meine Grundbedürfnisse (Essen, Medikamente).									
Ich kann mich anderen gegenüber ausdrücken.									
Ich komme mit anderen zurecht.									
Ich erkenne Probleme und kann sie lösen.									
Ich kann etwas mit mir selbst anfangen.									
Ich tue, was erforderlich ist.									
Ich habe einen Tagesablauf, der mir zusagt.									
Ich erledige die Dinge, für die ich verantwortlich bin.									
Ich bin eingebunden, z. B. als Student, Arbeitnehmer, arbeite ehrenamtlich und/oder als Familienmitglied.									
Ich führe Tätigkeiten aus, die ich mag.									
Ich arbeite auf meine Ziele hin.									
Ich treffe Entscheidungen nach dem, was ich für wichtig halte.									
Ich erreiche, was ich mir vorgenommen habe.									
Ich nutze meine Fähigkeiten effektiv.									

Kompetenzwert
OSA-Bewertungsschlüssel-Ergebnisse

Klientenwert _____

Standardfehler _____

Wichtigkeitswert
OSA-Bewertungsschlüssel-Ergebnisse

Klientenwert _____

Standardfehler _____

Kommentare
_____
_____
_____

OSA-Ergebnisbogen – Fortschritt-/Abschlussergebnisse

Klient/in: _____ Geb. Datum: _____ Diagnose: _____ Ergotherapeut/in: _____

Erstanwendung: _____ Fortschritterhebung: _____ Abschlusserhebung: _____

"Ich über mich"	Kompetenz				Wichtigkeit				Priorität
	Das fällt mir sehr schwer	Das fällt mir schwer	Das kann ich gut	Das kann ich sehr gut	Das ist nicht so wichtig für mich	Das ist wichtig für mich	Das ist wichtiger für mich	Das ist mir sehr wichtig	
Ich kann mich auf meine Aufgaben konzentrieren.									
Ich bin körperlich in der Lage zu tun, was nötig ist.									
Ich halte meine Wohnung in Ordnung.									
Ich achte auf mich.									
Ich kümmere mich um Menschen, für die ich verantwortlich bin.									
Ich erreiche Orte, an die ich gehen muss.									
Ich regle meine Finanzen.									
Ich achte auf meine Grundbedürfnisse (Essen, Medikamente).									
Ich kann mich anderen gegenüber ausdrücken.									
Ich komme mit anderen zurecht.									
Ich erkenne Probleme und kann sie lösen.									
Ich kann etwas mit mir selbst anfangen.									
Ich tue, was erforderlich ist.									
Ich habe einen Tagesablauf, der mir zusagt.									
Ich erledige die Dinge, für die ich verantwortlich bin.									
Ich bin eingebunden, z. B. als Student, Arbeitnehmer, arbeite ehrenamtlich und/oder als Familienmitglied.									
Ich führe Tätigkeiten aus, die ich mag.									
Ich arbeite auf meine Ziele hin.									
Ich treffe Entscheidungen nach dem, was ich für wichtig halte.									
Ich erreiche, was ich mir vorgenommen habe.									
Ich nutze meine Fähigkeiten effektiv.									

Kompetenzwert
OSA-Bewertungsschlüssel-Ergebnisse

Outcome Klientenwert _____

Outcome Standardfehler _____

Initial Klientenwert _____

Initial Standardfehler _____

Wichtigkeitswert
OSA-Bewertungsschlüssel-Ergebnisse

Outcome Klientenwert _____

Outcome Standardfehler _____

Initial Klientenwert _____

Initial Standardfehler _____

OSA-Kompetenz-Bewertungsschlüssel

Anhang G

Klientenauswertung hier. Item-Bewertung einkreisen und Linie ziehen. →

Bewerten Sie den Klienten hier				
Ich kann mich auf meine Aufgaben konzentrieren.	1	2	3	4
Ich bin körperlich in der Lage zu tun, was nötig ist.	1	2	3	4
Ich halte meine Wohnung in Ordnung.	1	2	3	4
Ich achte auf mich.	1	2	3	4
Ich kümmere mich um Menschen, für die ich verantwortlich bin.	1	2	3	4
Ich erreiche Orte, an die ich gehen muss.	1	2	3	4
Ich regele meine Finanzen.	1	2	3	4
Ich achte auf meine Grundbedürfnisse (Essen, Medikamente).	1	2	3	4
Ich kann mich anderen gegenüber ausdrücken.	1	2	3	4
Ich komme mit anderen zurecht.	1	2	3	4
Ich erkenne Probleme und kann sie lösen.	1	2	3	4
Ich kann etwas mit mir selbst anfangen.	1	2	3	4
Ich tue, was erforderlich ist.	1	2	3	4
Ich habe einen Tagesablauf, der mir zusagt.	1	2	3	4
Ich erledige die Dinge, für die ich verantwortlich bin.	1	2	3	4
Ich bin eingebunden, z. B. als Student, Arbeitnehmer, arbeite ehrenamtlich und/oder als Familienmitglied.	1	2	3	4
Ich führe Tätigkeiten aus, die ich mag.	1	2	3	4
Ich arbeite auf meine Ziele hin.	1	2	3	4
Ich treffe Entscheidungen nach dem, was ich für wichtig halte.	1	2	3	4
Ich erreiche, was ich mir vorgenommen habe.	1	2	3	4
Ich nutze meine Fähigkeiten effektiv.	1	2	3	4

Summe

Klientenwert

Standardfehler

Summe	Standardfehler	Klientenwert	Standardfehler
84	14	100	14
83		91	8
82		85	5
81		82	5
80		80	4
79	8	77	4
78		76	4
77		74	3
76		73	3
75		71	3
74	5	70	3
73		69	3
72		68	3
71		66	3
70	4	65	3
69	4	64	3
68		63	3
67		62	3
66		61	3
65		60	3
64		59	3
63		58	3
62		57	3
61		55	3
60		54	3
59	3	53	3
58		53	3
57		52	3
56		51	3
55		50	3
54		49	3
53		48	3
52		47	3
51		46	2
50		45	2
49		45	2
48		44	2
47		43	2
46		42	2
45		41	2
44		41	2
43		40	2
42		39	2
41	3	38	2
40		37	2
39		36	3
38		36	3
37		35	3
36		34	3
35		33	3
34		32	3
33		31	3
32		30	3
31		29	3
30		28	3
29		27	3
28		25	3
27		24	3
26		22	4
25		20	4
24		18	5
23		14	5
22		9	8
21		0	14

Klientenwert

Standardfehler

OSA-Wichtigkeits-Bewertungsschlüssel

Klientenauswertung hier. Item-Bewertung einkreisen und Linie ziehen. →

Bewerten Sie den Klienten hier	1	2	3	4
Ich kann mich auf meine Aufgaben konzentrieren.	1	2	3	4
Ich bin körperlich in der Lage zu tun, was nötig ist.	1	2	3	4
Ich halte meine Wohnung in Ordnung.	1	2	3	4
Ich achte auf mich.	1	2	3	4
Ich kümmere mich um Menschen, für die ich verantwortlich bin.	1	2	3	4
Ich erreiche Orte, an die ich gehen muss.	1	2	3	4
Ich regele meine Finanzen.	1	2	3	4
Ich achte auf meine Grundbedürfnisse (Essen, Medikamente).	1	2	3	4
Ich kann mich anderen gegenüber ausdrücken.	1	2	3	4
Ich komme mit anderen zurecht.	1	2	3	4
Ich erkenne Probleme und kann sie lösen.	1	2	3	4
Ich kann etwas mit mir selbst anfangen.	1	2	3	4
Ich tue, was erforderlich ist.	1	2	3	4
Ich habe einen Tagesablauf, der mir zusagt.	1	2	3	4
Ich erledige die Dinge, für die ich verantwortlich bin.	1	2	3	4
Ich bin eingebunden, z. B. als Student, Arbeitnehmer, arbeite ehrenamtlich und/oder als Familienmitglied.	1	2	3	4
Ich führe Tätigkeiten aus, die ich mag.	1	2	3	4
Ich arbeite auf meine Ziele hin.	1	2	3	4
Ich treffe Entscheidungen nach dem, was ich für wichtig halte.	1	2	3	4
Ich erreiche, was ich mir vorgenommen habe.	1	2	3	4
Ich nutze meine Fähigkeiten effektiv.	1	2	3	4

Summe

Summe	Klientenwert	Standardfehler	Summe	Klientenwert	Standardfehler
	14	14	84	100	14
			83	91	8
			82	85	5
			81	82	5
			80	80	4
		8	79	77	4
			78	76	3
			77	74	3
			76	73	3
		5	75	71	3
			74	70	3
		5	73	69	3
			72	68	3
		4	71	66	3
		4	70	65	3
		4	69	64	3
		3	68	63	3
			67	62	3
			66	61	3
			65	60	3
			64	59	3
			63	58	3
			62	57	3
			61	55	3
		3	60	54	3
			59	53	3
			58	53	3
			57	52	3
			56	51	3
			55	50	3
			54	49	3
			53	48	3
		3	52	47	3
			51	46	2
			50	45	2
			49	45	2
			48	44	2
		2	47	43	2
			46	42	2
			45	41	2
			44	41	2
			43	40	2
		2	42	39	2
			41	38	2
		2	40	37	2
			39	36	2
			38	36	3
		3	37	35	3
		4	36	34	3
			35	33	3
		4	34	32	3
		5	33	31	3
			32	30	3
			31	29	3
		8	30	28	3
			29	27	3
			28	25	3
			27	24	3
			26	22	4
			25	20	4
			24	18	5
			23	14	5
			22	9	8
	14		21	0	14

Klientenwert
Standardfehler

Anhang G

Verwendung der OSA-Item-Hierarchie

1 Kopieren Sie die Seiten 74 und 75 und schneiden Sie sie an der gestrichelten Linie durch.
2 Legen Sie die ausgeschnittene „Item-Hierarchieliste" auf die entsprechenden Items des OSA-Bewertungsschlüsselbogens. Die Items sollten genau aufeinander liegen und man sollte die Bewertungen des Klienten rechts davon in der Spalte „Item-Bewertung hier eintragen" sehen können.
3 Benutzen Sie die Schattierungen als Hilfe zur Identifizierung unerwarteter Antwortmuster des Klienten.
   a. Items der Kategorie **„Grundbedürfnisse"** sind normalerweise am leichtesten kompetent auszuführen; ihnen wird am ehesten eine hohe Wichtigkeit zugeschrieben. Deshalb sollten diese Items im Vergleich zu den Items der anderen Kategorien eine höhere Klientenbewertung haben.
   b. Items der Kategorie **„Alltag und Verpflichtungen"** sind Tätigkeiten, die normalerweise weder am leichtesten noch am schwersten kompetent ausgeführt werden/eine hohe Wichtigkeit zugeschrieben bekommen. Klientenbewertungen für Items in dieser Kategorie sollten weder die höchsten noch die niedrigsten Bewertungen sein.
   c. Items der Kategorie **„Zufriedenheit, Vergnügen und Selbstverwirklichung"** sind normalerweise am schwersten kompetent auszuführen; es ist am schwersten, ihnen eine hohe Wichtigkeit zuzuschreiben. Deshalb geben Klienten den Items dieser Kategorie normalerweise die niedrigsten Bewertungen.

OSA-Item-Hierarchie: Kompetenz-Items

Ich kann mich auf meine Aufgaben konzentrieren.
Ich bin körperlich in der Lage zu tun, was nötig ist.
Ich halte meine Wohnung in Ordnung.
Ich achte auf mich.
Ich kümmere mich um Menschen, für die ich verantwortlich bin.
Ich erreiche Orte, an die ich gehen muss.
Ich regele meine Finanzen.
Ich achte auf meine Grundbedürfnisse (Essen, Medikamente).
Ich kann mich anderen gegenüber ausdrücken.
Ich komme mit anderen zurecht.
Ich erkenne Probleme und kann sie lösen.
Ich kann etwas mit mir selbst anfangen.
Ich tue, was erforderlich ist.
Ich habe einen Tagesablauf, der mir zusagt.
Ich erledige die Dinge, für die ich verantwortlich bin.
Ich bin eingebunden, z. B. als Student, Arbeitnehmer, arbeite ehrenamtlich und/oder als Familienmitglied.
Ich führe Tätigkeiten aus, die ich mag.
Ich arbeite auf meine Ziele hin.
Ich treffe Entscheidungen nach dem, was ich für wichtig halte.
Ich erreiche, was ich mir vorgenommen habe.
Ich nutze meine Fähigkeiten effektiv.

- ☐ Grundbedürfnisse (sollten die höchsten Bewertungen haben)
- ☐ Alltag und Verpflichtungen (sollten Bewertungen haben, die im mittleren Bereich liegen)
- ☐ Zufriedenheit, Vergnügen und Selbstverwirklichung (sollten die niedrigsten Bewertungen haben)

Anhang G

OSA-Item-Hierarchie: Wichtigkeits-Items

Ich kann mich auf meine Aufgaben konzentrieren.
Ich bin körperlich in der Lage zu tun, was nötig ist.
Ich halte meine Wohnung in Ordnung.
Ich achte auf mich.
Ich kümmere mich um Menschen, für die ich verantwortlich bin.
Ich erreiche Orte, an die ich gehen muss.
Ich regele meine Finanzen.
Ich achte auf meine Grundbedürfnisse (Essen, Medikamente).
Ich kann mich anderen gegenüber ausdrücken.
Ich komme mit anderen zurecht.
Ich erkenne Probleme und kann sie lösen.
Ich kann etwas mit mir selbst anfangen.
Ich tue, was erforderlich ist.
Ich habe einen Tagesablauf, der mir zusagt.
Ich erledige die Dinge, für die ich verantwortlich bin.
Ich bin eingebunden, z. B. als Student, Arbeitnehmer, arbeite ehrenamtlich und/oder als Familienmitglied.
Ich führe Tätigkeiten aus, die ich mag.
Ich arbeite auf meine Ziele hin.
Ich treffe Entscheidungen nach dem, was ich für wichtig halte.
Ich erreiche, was ich mir vorgenommen habe.
Ich nutze meine Fähigkeiten effektiv.

☐ Grundbedürfnisse (sollten die höchsten Bewertungen haben)

▢ Alltag und Verpflichtungen (sollten Bewertungen haben, die im mittleren Bereich liegen)

▇ Zufriedenheit, Vergnügen und Selbstverwirklichung (sollten die niedrigsten Bewertungen haben)

Glossar

Performanz-Item	Erläuterungen
Ich kann mich auf meine Aufgaben konzentrieren.	Sich einer Aufgabe zuwenden, um sie auszuführen
Ich bin körperlich in der Lage zu tun, was nötig ist.	Die motorischen Fähigkeiten, sich selbst und Objekte zu bewegen, um die Aufgaben des täglichen Lebens zu erledigen
Ich halte meine Wohnung in Ordnung.	Seine Wohnung/Zimmer putzen und aufräumen
Ich achte auf mich.	Auf sich zu achten – persönliche Hygiene, adäquate Kleidung anziehen
Ich kümmere mich um Menschen, für die ich verantwortlich bin.	Sich um Angehörige kümmern, z. B. Kinder, ältere Verwandte
Ich erreiche Orte, an die ich gehen muss.	Benutzung öffentlicher Verkehrsmittel – z. B. zur Arbeit, zu Verabredungen, zum Einkaufen fahren – oder laufen
Ich regele meine Finanzen.	Kostenplanung: Mit dem finanziellen Rahmen, den man hat, auskommen; Rechnungen pünktlich bezahlen
Ich achte auf meine Grundbedürfnisse (Essen, Medikamente).	Einen gesunden Ernährungsplan einhalten, angemessene Mengen essen, notwendige Medikamente einnehmen, sich insgesamt um seine Gesundheit kümmern
Ich kann mich anderen gegenüber ausdrücken.	Anderen seine Bedürfnisse oder Meinungen mitteilen, nach Dingen fragen und Informationen teilen
Ich komme mit anderen zurecht.	In der Lage sein, sich auf andere einzulassen, andere zu respektieren, mit anderen zusammenzuarbeiten und Kontakt aufzunehmen
Ich erkenne Probleme und kann sie lösen.	Informationen einholen und anwenden, Lösungen erkennen, zwischen Alternativen auswählen, ein Problem systematisch angehen und lösen

Habituation-Item	Erläuterungen
Ich kann etwas mit mir selbst anfangen.	Sich regelmäßig Zeit nehmen, um zu entspannen, seinen Interessen nachzugehen und zu genießen, sich mit Freunden zu treffen oder etwas alleine zu unternehmen
Ich tue, was erforderlich ist.	Gewohnheiten haben, die einem bei der Durchführung notwendiger Aufgaben helfen
Ich habe einen Tagesablauf, der mir zusagt.	Zufrieden sein, da man einen Tagesablauf hat, der einem erlaubt, das zu tun, was nötig ist oder was man tun möchte
Ich erledige die Dinge, für die ich verantwortlich bin.	Die Erwartungen erfüllen, die mit einer bestimmten Rolle verbunden sind (z. B. Student, Arbeitnehmer, Eltern ...)
Ich bin eingebunden, z. B. als Student, Arbeitnehmer, arbeite ehrenamtlich und/oder als Familienmitglied.	Sich mit bestimmten Rollen identifizieren und diese ausüben; Rollen innezuhaben, die es einem ermöglichen, seine Zeit mit sinnvollen Tätigkeiten zu verbringen

Anhang H

Volition-Item	Erläuterungen
Ich führe Tätigkeiten aus, die ich mag.	Freude und Befriedigung in Betätigung finden (z. B. Teilnahme und Freude an einem oder mehreren Hobbys, sich mit Freunden treffen, Sport treiben)
Ich arbeite auf meine Ziele hin.	Seine Kraft und Ausdauer so einsetzen, dass man die Dinge, die man erreichen möchte, plant und schafft
Ich treffe Entscheidungen nach dem, was ich für wichtig halte.	Die Freiheit und das Selbstvertrauen haben, das zu tun, an was man glaubt
Ich erreiche, was ich mir vorgenommen habe.	Realistische Ziele haben und in der Lage sein, diese zu erreichen
Ich nutze meine Fähigkeiten effektiv.	Die Dinge tun, die nötig sind, um das zu erlangen, was man sich vorgenommen hat

Konzepte und zugehörige Items

Konzepte	Items
Fähigkeiten **Betätigungsperformanz** **(Occupational Performance)**	<ul><li>Ich kann mich auf meine Aufgaben konzentrieren.</li><li>Ich bin körperlich in der Lage zu tun, was nötig ist.</li><li>Ich halte meine Wohnung in Ordnung.</li><li>Ich achte auf mich.</li><li>Ich kümmere mich um Menschen, für die ich verantwortlich bin.</li><li>Ich erreiche Orte, an die ich gehen muss.</li><li>Ich regele meine Finanzen.</li><li>Ich achte auf meine Grundbedürfnisse (Essen, Medikamente).</li><li>Ich kann mich anderen gegenüber ausdrücken.</li><li>Ich komme mit anderen zurecht.</li><li>Ich erkenne Probleme und kann sie lösen.</li></ul>
Habituation <ul><li>Gewohnheiten</li><li>Rollen</li></ul>	<ul><li>Ich kann etwas mit mir selbst anfangen.</li><li>Ich tue, was erforderlich ist.</li><li>Ich habe einen Tagesablauf, der mir zusagt.</li><li>Ich erledige die Dinge, für die ich verantwortlich bin.</li><li>Ich bin eingebunden, z. B. als Student, Arbeitnehmer, arbeite ehrenamtlich und/oder als Familienmitglied.</li></ul>
Volition <ul><li>Selbstbild</li><li>Werte</li><li>Interessen</li></ul>	<ul><li>Ich führe Tätigkeiten aus, die ich mag.</li><li>Ich arbeite auf meine Ziele hin.</li><li>Ich treffe Entscheidungen nach dem, was ich für wichtig halte.</li><li>Ich erreiche, was ich mir vorgenommen habe.</li><li>Ich nutze meine Fähigkeiten effektiv.</li></ul>

Beschreibung des „Meine Umwelt"-Bogens, der Items und ihrer Bedeutung

Das ursprüngliche OSA enthielt einen Bogen zur Umwelt, betitelt „Meine Umwelt". Untersuchungen haben gezeigt, dass dieser Bogen zu wenig Items enthielt, um eine statistisch relevante Aussage machen zu können. Aus diesem Grund wurde er aus dem OSA entfernt – ein neues MOHO-Assessment für die Umwelt wird zurzeit entwickelt. Informationen hierzu finden Sie auf der MOHO-Webseite unter www.moho.uic.edu.

Der Umweltbogen ist hier enthalten, da Ergotherapeuten die qualitativen Daten, die mit ihm erhoben werden können, schätzen. Therapeuten, die diesen Bogen nutzen möchten, finden hier alle notwendigen Informationen. Der Bogen ist gut geeignet, um qualitative Informationen über die Unterstützung durch die Umwelt zu erhalten, bietet jedoch im Gegensatz zu den „Ich über mich"-Bögen keine Messwerte.

Therapeuten, die das OSA anwenden, sollten immer den Einfluss, den die Umwelt bei der Teilhabe an Betätigungen auf den Klienten hat, beachten – unabhängig davon, ob der Umweltbogen benutzt wird. Der Umweltbogen wird genauso durchgeführt wie die anderen OSA-Selbsteinschätzungsbögen. Mit den Ergebnissen sollte ähnlich wie beim OSA umgegangen werden. Hier werden die Bedürfnisse des Klienten an die Umwelt erfasst und daraus entsprechende Therapieziele formuliert. In Kapitel 4 finden Sie Erklärungen zur Anwendung.

Die Items des „Meine Umwelt"-Bogens und die entsprechenden MOHO-Konzepte sind in Abbildung J-1 aufgeführt. Die Erläuterungen zu den Items sind in Abbildung J-2 zu finden. Im Anschluss finden Sie den „Meine Umwelt"-Bogen und ein Follow-up-Bogen, beide sind in Anlehnung an die OSA-Selbsteinschätzungsbögen gestaltet.

MOHO-	Umwelt-OSA Items
Physische Umwelt • Natürliche Umwelt • Gebaute Umwelt • Objekte	• Einen Ort zum Leben und Wohlfühlen. • Einen Ort, an dem ich arbeiten/produktiv sein kann. • Die notwendigen Dinge, die ich zum Leben benötige. • Dinge, die ich brauche, um zu arbeiten; um etwas tun zu können.
Soziale Umwelt • Soziale Gruppen • Occupational Forms (Betätigungsformen)	• Menschen, die mich unterstützen und ermutigen. • Leute, die etwas mit mir unternehmen. • Gelegenheiten, Dinge zu tun, die mir wichtig sind und die ich gerne mache. • Orte, an die ich gehen kann und wo ich mich wohlfühle.

Abbildung J-1

Umwelt Items	Erläuterungen
Einen Ort zum Leben und Wohlfühlen.	Einen Ort haben, den man als Zuhause empfindet (Haus, Wohnung, WG-Zimmer, Heimplatz etc., wo ich für mich sorgen kann)
Einen Ort, an dem ich arbeiten/produktiv sein kann.	Einen Ort haben, an dem man Aufgaben erledigen kann (z. B. Arbeitsplatz, Bibliothek, Küche, Werkstatt, Garten, ...)
Die notwendigen Dinge, die ich zum Leben benötige.	Dinge, die man fürs Leben und die Gesundheit braucht (z. B. Geld, Nahrung, Unterkunft, medizinische Versorgung, u. U. Hilfsmittel)
Dinge, die ich brauche, um zu arbeiten; um etwas tun zu können.	Die speziellen Dinge, die man braucht, um seine Aufgaben auszuführen (Werkzeuge, Medien u. a.)
Menschen, die mich unterstützen und ermutigen.	Individuen oder Gruppen, die einen unterstützen, ermutigen, begleiten, Sicherheit geben, einen beim Tätigsein bezüglich des eigenen Verhaltens inspirieren (z. B. Familie, Kollegen, kirchliche Gruppen, Therapeuten)
Leute, die etwas mit mir unternehmen.	Freunde, Familienmitglieder oder andere, mit denen man seine Zeit verbringt und gemeinsamen Interessen nachgeht
Gelegenheiten, Dinge zu tun, die mir wichtig sind und die ich gerne mache.	Umstände, die es einem ermöglichen, Dinge zu tun (z. B. Tanzen gehen, Veranstaltungen besuchen, Konzerte, Sportveranstaltungen, Kino)
Orte, an die ich gehen kann und wo ich mich wohlfühle.	Orte, an die man gehen kann, um sich zu erholen, Sport zu treiben, Leute zu treffen, ... (z. B. Parks und Seen; Fitness-Studios und Theater)

Abbildung J-2

Anhang J

OSA – Meine Umwelt

Name: _____ Datum: _____

Schritt 1: Hier sind Aussagen über Ihre Umwelt (wo Sie leben, arbeiten oder zur Schule gehen; Freunde etc.) aufgelistet. Markieren Sie bitte, wie gut Sie mit der jeweiligen Aussage zurechtkommen. Wenn Sie denken, dass eine Aussage auf Sie nicht zutrifft, dann streichen Sie sie durch und machen bei der nächsten weiter.

Schritt 2: Markieren Sie jetzt bitte, wie wichtig die Aussagen über Ihre Umwelt für Sie sind.

Schritt 3: Wählen Sie nun ein oder zwei Umweltfaktoren, die Sie gerne ändern würden. Schreiben Sie eine „1" neben die Aussage, die Ihnen am wichtigsten ist, dann eine „2" neben die nächst wichtige. (Sie können hier auch Bemerkungen notieren.)

	Hier gibt es viele Probleme	Hier gibt es einige Probleme	Das ist gut	Das ist sehr gut	Das ist nicht so wichtig für mich	Das ist wichtig für mich	Das ist wichtiger für mich	Das ist mir sehr wichtig	Ich würde gerne ändern:
Einen Ort zum Leben und Wohlfühlen.	viele Probleme	einige Probleme	gut	sehr gut	nicht so wichtig	wichtig	wichtiger	sehr wichtig	
Einen Ort, an dem ich arbeiten/produktiv sein kann.	viele Probleme	einige Probleme	gut	sehr gut	nicht so wichtig	wichtig	wichtiger	sehr wichtig	
Die notwendigen Dinge, die ich zum Leben benötige.	viele Probleme	einige Probleme	gut	sehr gut	nicht so wichtig	wichtig	wichtiger	sehr wichtig	
Dinge, die ich brauche, um zu arbeiten; um etwas tun zu können.	viele Probleme	einige Probleme	gut	sehr gut	nicht so wichtig	wichtig	wichtiger	sehr wichtig	
Menschen, die mich unterstützen und ermutigen.	viele Probleme	einige Probleme	gut	sehr gut	nicht so wichtig	wichtig	wichtiger	sehr wichtig	
Leute, die etwas mit mir unternehmen.	viele Probleme	einige Probleme	gut	sehr gut	nicht so wichtig	wichtig	wichtiger	sehr wichtig	
Gelegenheiten, Dinge zu tun, die mir wichtig sind und die ich gerne mache.	viele Probleme	einige Probleme	gut	sehr gut	nicht so wichtig	wichtig	wichtiger	sehr wichtig	
Orte, an die ich gehen kann und wo ich mich wohlfühle.	viele Probleme	einige Probleme	gut	sehr gut	nicht so wichtig	wichtig	wichtiger	sehr wichtig	

Follow-up-Bogen – OSA – Meine Umwelt

Name: _____   Datum: _____

Schritt 1: Hier sind Aussagen über Ihre Umwelt (wo Sie leben, arbeiten oder zur Schule gehen; Freunde etc.) aufgelistet. Markieren Sie bitte, wie gut Sie mit der jeweiligen Aussage zurechtkommen. Wenn Sie denken, dass eine Aussage auf Sie nicht zutrifft, dann streichen Sie sie durch und machen bei der nächsten weiter.

Schritt 2: Markieren Sie jetzt bitte, wie wichtig die Aussagen über Ihre Umwelt für Sie sind.

	Hier gibt es viele Probleme	Hier gibt es einige Probleme	Das ist gut	Das ist sehr gut	Das ist nicht so wichtig für mich	Das ist wichtig für mich	Das ist wichtiger für mich	Das ist mir sehr wichtig
Einen Ort zum Leben und Wohlfühlen.	viele Probleme	einige Probleme	gut	sehr gut	nicht so wichtig	wichtig	wichtiger	sehr wichtig
Einen Ort, an dem ich arbeiten/produktiv sein kann.	viele Probleme	einige Probleme	gut	sehr gut	nicht so wichtig	wichtig	wichtiger	sehr wichtig
Die notwendigen Dinge, die ich zum Leben benötige.	viele Probleme	einige Probleme	gut	sehr gut	nicht so wichtig	wichtig	wichtiger	sehr wichtig
Dinge, die ich brauche, um zu arbeiten; um etwas tun zu können.	viele Probleme	einige Probleme	gut	sehr gut	nicht so wichtig	wichtig	wichtiger	sehr wichtig
Menschen, die mich unterstützen und ermutigen.	viele Probleme	einige Probleme	gut	sehr gut	nicht so wichtig	wichtig	wichtiger	sehr wichtig
Leute, die etwas mit mir unternehmen.	viele Probleme	einige Probleme	gut	sehr gut	nicht so wichtig	wichtig	wichtiger	sehr wichtig
Gelegenheiten, Dinge zu tun, die mir wichtig sind und die ich gerne mache.	viele Probleme	einige Probleme	gut	sehr gut	nicht so wichtig	wichtig	wichtiger	sehr wichtig
Orte, an die ich gehen kann und wo ich mich wohlfühle.	viele Probleme	einige Probleme	gut	sehr gut	nicht so wichtig	wichtig	wichtiger	sehr wichtig

Fachpublikationen
Arbeitsmaterialien
Fachzeitschriften

EDITION VITA ACTIVA

COPM – Canadian Occupational Performance Measure
5th Edition

Das COPM-Interview unterstützt den Therapeuten dabei, Probleme des Klienten in der Betätigungsperformanz zu erfassen und den Erfolg der Therapie im Verlauf der Zeit zu messen. Fallbeispiele und spezielle Anwendungen des COPM sowie Beispiele für die drei Betätigungsbereiche ergänzen die Beschreibung.

Wissenschaftliche Reihe, Assessments,
Mary Law et al., Deutsche Übersetzung: Barbara Dehnhardt, Sabine George, Angela Harth,
4., unveränderte Auflage 2017,
Spiralbindung: ISBN 978-3-8248-1140-3, 72 Seiten,
E-Book: ISBN 978-3-8248-0987-5, PDF, 1.598 KB,
EUR 28,99 [D] (für DVE-Mitglieder EUR 25,99)

Nachbestellung Erhebungsbögen:
50 Stück: Art.-Nr. 2058, EUR 10,90 [D],
100 Stück: Art.-Nr. 2059, EUR 18,90 [D]

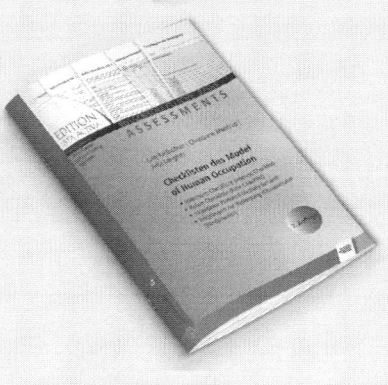

Checklisten des Model of Human Occupation
Interessen-Checkliste (Interest Checklist) · Rollen-Checkliste (Role Checklist) · Aktivitäten-Protokoll (Activity Record) · Fragebogen zur Betätigung (Occupational Questionnaire)

Anleitung zur klientenzentrierten Anwendung der vorgestellten Checklisten, Kurzbeschreibungen zu den Assessments, Informationen über die jeweilige Zielgruppe, die Vorbereitung, Durchführung und Nachbereitung für den Einsatz der Instrumente.

Wissenschaftliche Reihe, Assessments,
Gary Kielhofner, Christiane Mentrup, Anja Langlotz, 2. Auflage 2016,
kartoniert: ISBN 978-3-8248-0883-0, 28 Seiten,
E-Book: ISBN 978-3-8248-0910-3, PDF, 1.962 KB,
EUR 11,99 [D] (für DVE-Mitglieder EUR 8,99)

Wie das Wohnumfeld die Lebensqualität beeinflusst – The Residential Environment Impact Scale (REIS)
Version 4.0

Die Lebensqualität eines Menschen wird durch sein Wohnumfeld beeinflusst. Es kann Alltagsaktivitäten begünstigen oder erschweren. Mithilfe des REIS lässt sich untersuchen, welche Möglichkeiten und Chancen die Bewohner in Wohnheimen und anderen Wohnformen für ihre Alltagsaktivitäten haben und was geändert werden muss, um ihnen zu mehr Selbstbestimmung und Eigenständigkeit im Alltag zu verhelfen.

Wissenschaftliche Reihe, Assessments,
Gail Fisher et al., Deutsche Übersetzung: Barbara Dehnhardt, 1. Auflage 2016,
Spiralbindung: ISBN 978-3-8248-1167-0, 108 Seiten,
EUR 35,50 [D] (für DVE-Mitglieder EUR 29,50)

Tel.: +49 (0) 6126 9320-13
Fax: +49 (0) 6126 9320-50
bestellung@schulz-kirchner.de
www.schulz-kirchner.de/shop

Schulz-Kirchner Verlag

Fachpublikationen
Arbeitsmaterialien
Fachzeitschriften

EDITION VITA ACTIVA

Handeln ermöglichen – Trägheit überwinden
Action over Inertia
Therapieprogramm für Gesundheit durch Aktivität – Handeln gegen Trägheit

Das von Ergotherapeuten entwickelte Programm Handeln gegen Trägheit zielt darauf ab, Menschen mit schweren psychischen Erkrankungen durch bedeutungsvolle Aktivitäten zu einer positiven Alltagserfahrung zu verhelfen und damit Recovery, Gesundheit und Wohlbefinden zu ermöglichen. Es enthält zahlreiche Arbeits- und Informationsblätter. Das Programm wurde mit dem Preis für Pflege- und Gesundheitsfachberufe in Psychiatrie, Psychotherapie und Psychosomatik 2017 der Deutschen Gesellschaft für Psychiatrie und Psychotherapie, Psychosomatik und Nervenheilkunde (DGPPN) ausgezeichnet.

Ergotherapeutische Programme,
Terry Krupa et al., Deutsche Übersetzung: Andreas Pfeiffer, Werner Höhl, 2. Auflage 2018,
kartoniert: ISBN 978-3-8248-1202-8, 152 Seiten, plus CD,
EUR 49,50 [D] (für DVE-Mitglieder EUR 44,50)
im Set mit „Chronischer Schmerz":
ISBN 978-3-8248-1231-8, EUR 72,00 [D] (für DVE-Mitglieder EUR 61,00)

Chronischer Schmerz
Ergänzungsmaterial zu Action over Inertia/ Handeln ermöglichen – Trägheit überwinden

Das Buch greift die Ansätze des Therapieprogramms Action over Inertia. Handeln ermöglichen – Trägheit überwinden auf und überträgt sie auf die Personengruppe der Menschen mit chronischen Schmerzen. Hilfreiche Tipps zum Umgang mit Schmerz ermuntern Klienten dazu, Aktivitäten durchzuführen und deren Auswirkungen zu reflektieren. Arbeitsblätter erleichtern eine schnelle und alltagstaugliche Umsetzung.

Ergotherapeutische Programme,
Tina Siemens, Kim Mikalson, Louise Chiasson, bearbeitet von Megan Edgelow,
Deutsche Übersetzung: Lisa Käßmair, Andreas Pfeiffer, 1. Auflage 2018,
kartoniert: ISBN 978-3-8248-1228-8, 60 Seiten, plus CD,
E-Book: ISBN 978-3-8248-9933-3, PDF, 1.632 KB,
EUR 26,00 [D] (für DVE-Mitglieder EUR 21,00)
im Set mit „Handeln ermöglichen – Trägheit überwinden":
ISBN 978-3-8248-1231-8, EUR 72,00 [D] (für DVE-Mitglieder EUR 61,00)

Das Lübecker Fähigkeitenprofil (LFP) – Manual
Das evaluierte, standardisierte LFP ist ein zeitsparendes, übersichtliches und umfassendes Messinstrument, um den stationären Therapieverlauf psychisch kranker Patienten zu dokumentieren. Es liegt in einer Langversion (25 Merkmale) und einer Kurzversion (14 Merkmale) vor. Interessierte können die zugrunde liegende Studie auf der Artikel-Detailseite in unserem Shop downloaden.

Tanja Schunert (geb. Schirrmacher), 2., vollständig überarbeitete Auflage 2017,
Spiralbindung: ISBN 978-3-8248-1213-4, 48 Seiten,
EUR 21,00 [D] (für DVE-Mitglieder EUR 17,00)

Tel.: +49 (0) 6126 9320-13
Fax: +49 (0) 6126 9320-50
bestellung@schulz-kirchner.de
www.schulz-kirchner.de/shop

Schulz-Kirchner Verlag